Einkaufsverhandlungen erfolgreich führen

Verkäufertools für Ihren Erfolg

Peter Troczynski / Dietmar Löhr /
Katja Günther-Mohrmann / Jörg Kunze

Einkaufsverhandlungen erfolgreich führen

Verkäufertools für Ihren Erfolg

Band 13
Praxisreihe Einkauf/Materialwirtschaft

Herausgegeben von
Prof. Dr. Horst Hartmann

2. erweiterte Auflage
inclusiv Verhandlungsplaner

Deutscher Betriebswirte-Verlag GmbH, Gernsbach

Bibliografische Informationen der Deutschen Bibliothek

Die Deutsche Bibliothek verzeichnet diese Publikation in der Deutschen Nationalbibliografie; detaillierte bibliografische Daten sind im Internet unter http://www.ddb.de abrufbar.

© 2. erweiterte Auflage, Deutscher Betriebswirte-Verlag GmbH, Gernsbach 2013
Druck: KN Digital Printforce GmbH, Stuttgart
ISBN: 978-3-88640-146-8

Inhaltsverzeichnis

Verzeichnis der Worksheets

Verzeichnis der Checklisten

Verzeichnis der Abbildungen

Quelle der Fotos: www.fotolia.com

Vorwort

Das Geheimnis des Verhandlungserfolges liegt häufig in der eigenen Tatkraft und im „Hier und Jetzt". In der Regel ist es nicht damit getan, in bestimmten Verhandlungssituationen nur zur reagieren statt zu agieren. Der Einkäufer sollte dem Anspruch des Verhandlungsführers in jedem Fall gerecht werden.

Doch neben dem eigenen Know-how ist es zweifellos von Vorteil, wenn der Einkäufer nicht nur die Praxiswerkzeuge kennt, sondern weiß, wie der Verkäufer diese nutzt und sich darauf vorbereitet. In dem vorliegenden Fachbuch, das nun mehr in zweiter erheblich erweiterter Fassung erscheint, geben die kompetenten Autoren darauf eine detaillierte Antwort. Die in diesem Buch aufgeführten Musterdialoge zwischen Einkäufer und Verkäufer sind ein idealer Wegweiser zur Vermeidung von Fehlern in Vertragsverhandlungen und somit zur Verbesserung des eigenen Rüstzeugs.

Verhandlungen sind eine komplexe Aufgabe. Das größte Übel ist in einer mangelnden Vorbereitung zu sehen. Daher wird das Thema Verhandlungsprofiling von den Autoren besonders ausführlich behandelt. Die einzelnen Schritte sind in einem umfangreichen Verhandlungsplaner am Schluss des Buches zusammen gefasst. Praxis gerechte Checklisten zeigen erfolgsrelevante Voraussetzungen auf.

Dieser Band 13 fasziniert durch eine ungeschminkte Schilderung zielorientierter Vorbereitung, Verhandlungstaktiken und -strategien. Die Lektüre ist ein Muss nicht nur für Jungeinkäufer, sondern auch für Einkaufsprofis. Machen Sie sich die vielschichtigen Erfahrungen der Autoren zu Nutze, die diese sowohl in der Einkaufs- und Verkaufspraxis als auch in einkaufs- und verkaufsspezifischen Work-Shops gesammelt haben.

Der Herausgeber
Horst Hartmann

Im Herbst 2010

1. Verhandlungen sind eine sehr komplexe Aufgabe

Grundsätzlich laufen in Verhandlungen mehrere Prozesse auf verschiedenen Ebenen ab. Und das häufig auch gleichzeitig. Nicht nur gute Beziehungen zu Ihrem Verhandlungspartner spielen eine große Rolle. Genauso wichtig sind seine Absichten, seine Motive, seine Persönlichkeit, die Historie der bestehenden Geschäftsbeziehung, sowie die Ziele seines Unternehmens. In diesem Prozess sind Sie zudem auch mit Ihren Absichten, Motiven und Zielen, sowie mit Ihrer eigenen Persönlichkeit beschäftigt.

Beide Seiten haben Interesse an einer Lösung. In gut geführten Verhandlungsgesprächen können wir davon ausgehen, dass sich die Verhandlungsparteien solange aufeinander zubewegen, bis sie an einen gemeinsamen akzeptablen Punkt ankommen. Verhandeln auf gleicher Augenhöhe ist die Basis, wenn es z.B. um neue Lieferkonditionen bei den Zulieferern geht. Beide Verhandlungspartner gehen zumindest in ihren ersten Überlegungen in der Regel von längerfristigen Beziehungen aus.

Mitunter können sich in Verhandlungen auch andere Situationen ergeben. In den Fällen, in denen die Machtpositionen verschieden sind, kann die Ausgangslage für den Schwächeren der Beiden bedeuten, dass die eigenen Ziele nicht erreicht werden.

Wir können häufig beobachten, dass sich viele Einkäufer in ihren Verhandlungen ausschließlich auf ihre „Instinkte und Erfahrungen" verlassen. Andere nutzen ihre „Machtposition". *„Ich sitze doch am längeren Hebel."* ist dazu eine häufig verwendete Aussage. Dennoch fehlt vielen Einkäufern ein Plan, ein zielführendes Verhandlungsprofiling.

Ohne sich über die eigene Verhandlungsposition, klar definierte Ziele und Ausstiegspositionen oder die Verhandlungspartner nachgedacht zu haben, gehen sie in die Verhandlung. Mit dem erschreckenden Ergebnis, dass Verhandlungserfolge sehr häufig dem Zufall überlassen werden.

Es gibt viele erfolgskritische Variablen, die erheblichen Einfluss auf das Verhandlungsergebnis ausüben. Jede der beteiligten Seiten verfügt über ein solches Arsenal von Faktoren, die sie beeinflussen können.

Dazu gehören:

> ➢ das Wissen um die thematischen Vorbereitungsschritte, auch um die Handlungsspielräume der Gegenseite
> ➢ das Wissen, möglichst detailliert, über das Unternehmen und vor allen Dingen über die an der Verhandlung beteiligten Personen

> das Wissen um Machtunterschiede und Handlungsoptionen beider Seiten
> das Wissen und die Nutzung von rhetorischen Fähigkeiten der unmittelbaren Verhandlungsführung (Einsatz der Methoden und Techniken)
> das Wissen um Strategien und Taktiken

Wir können sehr viele Merkmale in den verschiedensten Verhandlungssituationen ausmachen, die Sie zu Ihrem Verhandlungserfolg führen werden.

Zudem ist wissenschaftlich belegt, dass nicht etwa psychologische Tricks, sondern vielmehr eine gute und präzise Vorbereitung den Erfolg einer Verhandlung bestimmt.

Neben den notwendigen Soft Skills stellt ein gutes Verhandlungsprofiling eine sehr erfolgreiche Methodik dar, in einer systematischen Weise Hintergrunddaten zu dem Verhandlungsgegenstand, den Verhandlungspartnern, Unternehmen wie Personen, Potenziale und Strategien aufzubauen, um dadurch in der Verhandlung zu einer besseren Ausgangssituation zu kommen.

2. Ein professionelles Verhandlungsprofiling ist die Basis

In der Verhandlungsführung sind wir alle mehr oder weniger erfolgreich. Verhandlungen basieren auf zwischenmenschlichen Kommunikationsstrukturen und sind somit auch sehr vielschichtig.

Verhandlungen finden jeden Tag statt. Im Berufs- sowie im Privatleben. Wir verhandeln mit unseren Kindern, Lebenspartnern, Freunden und Bekannten. Wir verhandeln mit unserem Chef, unseren Kollegen oder Mitarbeitern. Wir verhandeln beim Shopping, Auto- oder Möbelkauf mit Verkäufern, führen mit unseren Vorgesetzten Verhandlungen über die Übernahme von größeren Verantwortungsbereichen, das Gehalt oder Urlaubszeiten. Im Geschäftsumfeld verhandeln wir über Preisnachlässe, über Qualitätsmerkmale über größere Summen oder interne Projekte.

Die Verhandlungsgegenstände sind so unterschiedlich wie die Verhandlungssituationen selbst. Genauso unterschiedlich sind die Menschen mit ihren Interessen, Wünschen, Motiven und Ziele, die diese in den Verhandlungen vertreten. Ein wesentlicher Aspekt in Verhandlungen besteht ausschließlich darin, die eigenen Ziele und Wünsche im Gespräch mit unserem Verhandlungspartner durchzusetzen.

Obwohl wir es mit einer Vielzahl von möglichen Verhandlungssituationen zu tun haben, gehen wir häufig in Verhandlungen ohne uns über eindeutige Ziele klar zu sein und welche Kriterien für unsere Verhandlungsergebnisse ausschlaggebend sein können. Zu selten planen wir den eigenen Verhandlungserfolg. Die Folge ist das Feilschen um Positionen. Jeder vertritt seinen Standpunkt. Je deutlicher der eigene Standpunkt vertreten wird, desto häufiger muss auf Abwehrmechanismen der Gegenseite eingegangen werden. Auch das eigene Ego steht auf dem Prüfstand. Ein Nachgeben oder der Rückzug vom eigenen Standpunkt heißt auch gleichzeitig das „Gesicht verloren" zu haben. Eine für beide Seiten interessante Einigung ist in diesen Fällen nicht mehr möglich.

Wenn wir davon ausgehen, dass ein realisierbares Verhandlungsergebnis gemeinsame Interessen in den Mittelpunkt stellt, ist ein für beide Seiten gutes Verhandlungsergebnis möglich. Auch wenn sich diese Interessen zunächst in Form eines möglichen Konfliktes darstellt.

Es geht immer um die Durchsetzung eigener Interessen, aber nicht „um jeden Preis". Sie können auch keinen Menschen überzeugen, indem sie seine Position oder seinen Standpunkt ablehnen. Beim Aufzeigen der Schnittmenge von gemeinsamen Interessen ist die Möglichkeit der Verträglichkeit mit der Position des Gegenübers und dem Überleben des Verhandlungspartners gewährleistet. Er soll ja auch langfristig als Kooperationspartner zur Verfügung stehen.

Dennoch gehen vielfach Verhandlungen zugunsten der Verkäufer aus, obwohl Einkäufer der Meinung sind, sie hätten sich durchgesetzt.

Aus der Sicht der Einkäufer müssen daher Antworten auf folgende Fragestellungen gefunden werden:

> Was zeichnet Verkäufer in den täglichen Verhandlungen aus?
> Was macht den Unterschied eines erfolgreichen Verkäufers gegenüber dem Einkäufer aus?
> Wo und mit welchen Mitteln „packt" er den Einkäufer, ohne dass dieser es bemerkt?

Die Auseinandersetzungen mit diesen Fragen führen zwangsläufig zur Art und Weise der Vorbereitungsmöglichkeiten.

Eine der wichtigsten Erkenntnisse lautet:

> Verhandlungserfolg entsteht durch eine Analyse mit den am Verhandlungsprozess beteiligten Personen, sowie einer detaillierten und vorausschauenden Planung von effektiven Handlungsmöglichkeiten zum Erreichen eines Zieles!

3. Maverick Buying – oder weshalb Einkaufsziele nicht erreicht werden können

Nicht auszuschließen ist, dass mit den Fachabteilungen – mit der Produktion, der Entwicklung, mit den Anwendern – auf der Entscheidungsebene von Verkäufern bereits Gespräche geführt wurden.

Zu guter Letzt muss der Einkauf noch ins Spiel gebracht werden. Dieser hat in vielen Fällen gar nicht mehr die Möglichkeit Vergleichsangebote einzuholen bzw. diese zu bewerten, da die Fach- oder Abteilungsbereiche für sich selbst schon die Entscheidungen getroffen haben.

Welche Argumente kann der Einkäufer dem Verkäufer entgegenbringen, wenn der Verkäufer in den Verhandlungen auf Bestätigungen für das Produkt von Fachabteilungen oder sonstigen Entscheidungsträgern im Unternehmen verweisen kann und das als Kaufbereitschaft wertet, bzw. die Fachbereiche für sich schon die Entscheidung getroffen haben?

Dieser „wilde Einkauf" oder auch „Maverick Buying" macht dem Einkäufer das Leben zusätzlich schwer. Solange Fach- oder Abteilungsbereiche eigenmächtig Produkte oder Dienstleistungen einkaufen und den Einkauf erst nach einer Entscheidung hinzuziehen, so lange sind auch die Verkäufer immer im Vorteil. Die eigenen Kollegen im Unternehmen verhindern durch diese Vorgehensweise eine transparente Evaluation und Selektion von Lieferanten. Sie greifen massiv in den Kompetenzbereich des Einkaufs ein. Effiziente Beschaffungsprozesse sind nicht mehr oder nur mit zusätzlichem Aufwand möglich.

Die Konsequenzen von Maverick Buying lesen sich folgendermaßen:

➢ Umgehung abgestimmter Prozesse im Beschaffungsmanagement

➢ dadurch fehlende Preis- und Lieferantenvergleiche

➢ was zu höheren Preisen durch nicht bzw. schlecht geführte Verhandlungen führt

➢ auch Preisvorteile durch mögliche Rahmenverträge werden außer Acht gelassen

> mögliche Nachforderungen durch mangelnde Kenntnis in der Vertragsgestaltung bedeuten auch zusätzlichen Zeitaufwand für den Einkaufsbereich. Die Ziele des Einkaufsbereiches und des Einkäufers werden von außen beeinflusst und sind, wenn überhaupt, nur mit Zusatzaufwänden zu realisieren

3.1 Maverick Buying – Es kann noch schlimmer werden

Vor einigen Wochen wurden wir beauftragt, einen Einkäufer bei seinen Verhandlungen zu begleiten.

Im Vorfeld der Verhandlung wurden die Rollen zwischen dem Einkäufer und dem Trainer besprochen, mögliche Beziehungen (wer kennt wen und wie lange aus dem Lieferantenunternehmen) geklärt, und selbstverständlich Ziele, Alternativen, Optionen etc., also ein komplettes Verhandlungsprofiling, erstellt. Der Einkäufer hat seinen Verhandlungspartner im Vorfeld seiner Anfrage kennengelernt, weil dieser Lieferant von dem Entwicklungsbereich empfohlen wurde. Im Vorfeld wurden mögliche Alternativlieferanten um Angebote gebeten, um diese in die Verhandlung einzubringen.

30 Minuten vor dem Termin haben sich noch ein Teamleiter und sein Vorgesetzter aus der Entwicklung für diese Verhandlung sehr kurzfristig selbst eingeladen.

Die Begründung kennen Sie bestimmt. *„Wir arbeiten schon lange mit ihm, wir kennen ihn, es klappt alles, er ist zuverlässig."* und so weiter. Im Grunde genommen ist da nichts einzuwenden. Die beiden Teilnehmer wurden in der Kürze der Zeit von unserem Trainer gebrieft und entsprechende Rollen zugeordnet. Schon nach einigen Minuten wurde unserem Trainer mehr und mehr deutlich, dass zwischen dem Verkäufer des Lieferanten und den Mitarbeitern aus der Entwicklung sehr enge Beziehungen bestehen mussten, die bis ins Private reichten. Sehr deutlich wurde es, als unser Einkäufer Alternativlieferanten und deren Angebote auf die Tagesordnung brachte.

Es ist nahezu unglaublich, mit welchen Argumenten die Alternativen des Einkäufers von seinen eigenen Kollegen zunichte gemacht wurden. Nachdem der Einkäufer in dieser Runde persönlich von den eigenen Kollegen angegriffen und seine Kompetenz angezweifelt wurde, ist diese Verhandlung von unserem Trainer abgebrochen worden. Es wurde ein neuer Termin vereinbart, ohne die beiden Entwickler.

Das ist kein Einzelfall, dieser Fall ist auch nicht die Regel.

Er passiert und leider noch viel zu häufig. Das ist sicher auch eine Frage der internen Kommunikation und der Kompetenzen. Daraus lässt sich auch nur eine Konsequenz ableiten.

Die Unternehmensführung muss eindeutige Kompetenzen auch den zuständigen Fachbereichen zuordnen. Zusammenarbeit ist hier das Stichwort. Fach- und sachliche Unterstützung durch den Fachbereich ist eine Stärke in den Verhandlungen. Die letztendliche Einkaufskompetenz liegt in anderen Händen.

Die Aufgabe eines Entwicklers ist zu entwickeln und auch Empfehlungen für den Einkauf auszusprechen und nicht einzukaufen. Die Aufgabe eines Verkäufers ist zu verkaufen und nicht einzukaufen. Diese Kompetenzaufteilung können wir beliebig fortsetzen. Auch die Begründungen, dass man den Verkäufer schon lange kennt und man ihm vertrauen kann, zählen nicht. Sicher sollte man die bestehende Verbindung nutzen, allerdings nur auf der Basis Ihrer Kompetenzen als Einkäufer.

Lassen Sie Ihre Kollegen aus den Fachbereichen nicht zu den Anwälten Ihrer Lieferanten werden.

4. Das größte Übel ist die mangelnde Vorbereitung

Der Zeitfaktor spielt im Einkauf eine besondere Rolle.

Wie häufig werden Sie in eine Besprechung, in eine Verhandlung gerufen, weil gerade ein Verkäufer von dem Unternehmen da ist?

Wie häufig lässt Ihnen die Tagesarbeit keine Zeit, sich konkret auf eine Verhandlung vorzubereiten?

Somit gehen viele Einkäufer häufig ohne Vorbereitung in die Verhandlung nach dem Motto: *„Sehen wir mal, was da noch geht?"* oder *„lass uns mal hören, was er anzubieten hat."* In diesen Situationen wird sehr oft aus dem Bauch heraus verhandelt.

Viele Einkäufer gehen ohne konkret festgelegte und definierte Ziele, ohne sich über Optionen und möglichen Alternativen klar zu werden und ohne Festlegung irgendwelcher Prioritäten in das Gespräch. Von einem geplanten und durchdachten Verhandlungskonzept ganz zu schweigen.

Durch gezielte Fragestellungen und Argumentationen der Verkäufer fühlt sich der Einkäufer häufig unter besonderen Druck gesetzt. Diese Situationen kommen nicht selten vor. Die Fronten verhärten sich. Es fällt einem schwer, nun auf den anderen zuzugehen.

Darunter leidet dann die eigene Souveränität und Höflichkeit. Es beginnen Auseinandersetzungen um Nichtigkeiten (unbedingt Recht haben zu wollen), Signale des Verhandlungspartners werden überhört und das eigene fehlende Selbstbewusstsein unterstützt zum Beispiel das konkrete Fordern von bestimmten Leistungen. Damit ist der Einkäufer häufig für ein zu schnelles und großzügiges Entgegenkommen bereit. In diesen Situationen machen Einkaufsverhandlungen keinen Spaß. Unzufriedenheit durch drohende „Niederlagen" auf einer Seite führen häufig zu unqualifizierten Konfrontationen und leiten damit diese Verhandlungen in eine Sackgasse.

Manch einer wird sich an dieser Stelle fragen:

„Vorbereitung, habe ich das überhaupt nötig, ich mit meiner Erfahrung, mit meinen Kenntnissen?"

Geht es aber überhaupt darum, ob jemand der Ansicht ist, es nicht nötig oder es nötig zu haben? Lautet die entscheidende Frage nicht vielmehr: Was wollen Sie im Einkauf mit der anstehenden Verhandlung erreichen?

Jedes Tun bekommt erst einen Sinn durch das Ziel, das Sie erreichen möchten. Jede Verhandlung bekommt erst seinen Sinn durch das Ziel, das Sie durch diese Verhandlung erreichen wollen. Wer sich z.B. die aktive Teilnahme an der Olympiade zum Ziel setzt, weiß, was er will. Er wird die Zeiten des harten Trainings dann nicht als Schikane, sondern als Chance für den Erfolg empfinden. Die Chance auch an sich selbst zu arbeiten und über sich selbst hinauszuwachsen.

Vielen Menschen sind die Voraussetzungen für das Führen erfolgreicher Verhandlungen bekannt.

Wesentliche Erfolgsfaktoren sind zum einen

> ➤ eine gründliche Vorbereitung, und hier wollen wir von einem professionellen Profiling reden
> ➤ das Wissen um den Einfluss psychologischer Einflussfaktoren
> ➤ das Beherrschen von verschiedenen Verhandlungsstrategien und Methoden

Denn Verhandlungen entscheiden sich im Vorfeld. Ohne gute Vorbereitung kein Verhandlungserfolg.

MERKE:

Nur wenn ich mein Ziel kenne und mich perfekt vorbereite, kann ich erfolgreich verhandeln!

18

4.1 Fakten zur Realität

Für eine einstündige Verhandlung bereiten sich nur 34% der Verhandler mehr als 30 Minuten vor. 58% der Befragten, die Mehrheit, glaubt mit weniger Zeit auszukommen, 8% gar mit weniger als zehn Minuten.

Das ist das Ergebnis eines Management Reports des Hernstein Institut für Management und Leadership in Wien.

Das ist sehr fahrlässig von den an den Verhandlungen beteiligten Personen!

Nicht selten werden auf diese Art und Weise Vereinbarungen getroffen, die im Nachhinein Ärger über verpasste Chancen hochkommen lassen. Der auf dieser Basis erzielte Vertragsabschluss (mit schlechteren Bedingungen) wird Sie möglicherweise auf Jahre binden.

Dazu kommt, dass Verhandler in der Gesprächsvorbereitung sehr häufig nicht die richtigen Akzente setzen. Im Kontext der zuvor genannten Zeiten wird 33% der Zeit in der Vorbereitung für die Sachinhalte der Verhandlung aufgebracht. Weitere 22% ihrer Zeit widmen sie den Verhandlungszielen, 16% der Verhandlungsstrategie und 13% dienen zur mentalen Einstimmung. Somit bleiben noch 16% für die Analyse der Verhandlungspartner.

Wenn wir den Großteil der Befragten und deren Zeitaufwand von weniger als dreißig Minuten für die Vorbereitung betrachten, ist diese Vorgehensweise in keiner Weise zielführend. Sie weicht für die Aufgabe, das bestmögliche Ergebnis für das Unternehmen zu erzielen ab und ist aus Unternehmenssicht grundsätzlich nicht verantwortbar.

Denn in der Vorbereitung entscheidet sich, ob die Verhandlung erfolgreich wird oder nicht!

Im Grunde genommen sollte vorausgesetzt werden, dass Einkäufer mit klaren Zielen in die Verhandlungen gehen. Nur wenn Ziele und Weg dorthin definiert sind, lassen sich erfolgreiche Verhandlungen führen. In vielen unserer Trainings hören wir von Teilnehmern, dass Ihnen die Zeit fehlt, sich professionell auf ein Gespräch vorzubereiten, dass nicht alle Facetten der Vorbereitung durchgeführt werden können. Allerdings können ohne gründliche Vorbereitung keine optimalen Ergebnisse erzielt werden.

Erfolgreich sind Verhandlungen immer dann, wenn vorher klar ist, welche Ziele erreicht werden sollen. Zudem sollten Verhandlungspositionen und die Verhandlungsposition des Gesprächspartners genau eingeschätzt werden können und persönliche Vorgehensweisen darauf abgestimmt werden. Auch der Gesprächspartner wird sich optimal vorbereitet haben.

Verhandlungsprofis werden neben der eigenen Zieldefinition zunächst die Merkmale, Motive und Handlungsspielräume ihres Gegenübers ergründen. Wie in Kriminalfällen wird ein genaues Bild benötigt, ein Profil – je konkreter, desto besser. Ein Verhandlungsprofiling listet Details über die Seite des anderen auf.

Kennt ein Verhandler die Merkmale, Motive und Handlungsspielräume des Gegenübers, ist er immer im Vorteil.

Mit seiner darauf ausgerichteten Strategie, seinen Argumenten kann er gezielt auf dessen unterschwellige Befindlichkeiten eingehen und seine Verhandlungsposition stärken.

MERKE:

> Es ist vielfach wie beim Pokern. Dort gewinnt der, der sein Gegenüber besser einschätzen kann!

5. Soft Skills als notwendige Voraussetzung

Mit einem ausführlichen Verhandlungskonzept, mit der Kenntnis und der Beherrschung von Verhandlungstools kommen neben dem Spaß an Verhandlungen vor allem erfolgreiche Ergebnisse zustande. Gute Verhandlungsergebnisse kommen nur zwischen Menschen zustande, die sich schätzen. Daraus ergeben sich aus den unterschiedlichen Positionen faszinierende Gespräche, die Schritt für Schritt zu Gemeinsamkeiten führen. Einkäufer und Verkäufer haben zunächst wenig gleiche Standpunkte. Auch die unterschiedlichen Blickwinkel stehen oberflächlich gesehen konträr zu einander. Der Unterschied in dieser Betrachtungsweise liegt nur in den verschiedenen Ansichten die diese Parteien vertreten. Daraus ergeben sich häufig auf beiden Seiten zunächst negative Gedanken.

Der Verkäufer will einen *„über`s Ohr hauen"*; der Einkäufer will nur den *„Preis drücken"*.

Ein guter Verhandler will niemanden *„über`s Ohr hauen"*; er strebt eine gemeinsame Lösung an. Erst wenn die unterschiedlichen Blickwinkel akzeptiert werden, der Wille zu einer Einigung auf beiden Seiten vorhanden ist, wird eine Verhandlung erfolgreich.

Verhandlungstechniken, unterschiedliche Taktiken und Strategien zu kennen ist für den Einkäufer gewinnbringend. Die Fähigkeit etwas durchzusetzen oder gekonnt abzulehnen ohne den Verhandlungspartner zu verärgern, bringt jeden Einkäufer in seinem Tätigkeitsumfeld weiter. Das eigene Selbstbewusstsein wird zudem gestärkt. Verhandelt wird immer öfter, ob im strategischen oder im operativen Bereich. Viele Methoden und Techniken werden in Verhandlungen bewusst oder unbewusst eingesetzt, entweder um selbst Vorteile zu generieren oder Strategien der Gegenseite zu erkennen. Es wird für den Einkäufer immer wichtiger, sich diese Methoden und Techniken anzueignen. Mit diesen Kenntnissen lässt er den „besser geschulten" Verkäufer nicht so stark zur Entfaltung kommen.

Gelingt es dem Einkäufer dann noch die Gesprächsführung zu übernehmen, dazu muss er wesentliche Verhandlungstools wie die unterschiedlichen Navigationstechniken beherrschen, hat er eine gute Ausgangsposition in der Verhandlung. Wenn der Einkäufer dann noch eine professionelle Vorbereitung durchführen kann, deckt er sehr schnell Wissenslücken und Vorbereitungsschwächen des Verkäufers auf.

5.1   Bewusst kommunizieren

Der erste Schritt zu einer besseren Kommunikation ist das Bewusstsein darüber, dass wir Menschen immer kommunizieren. Zumindest kommuniziert man immer dann, wenn andere Menschen in der Nähe sind. Der Kommunikationsforscher Paul Watzlawick hat dafür eine einfache Formel *„Man kann nicht 'nicht' kommunizieren."* geprägt. Denn wo wir auch sind und was wir auch tun, immer sagt dieses Verhalten etwas über uns aus.

Ein Beispiel

Sie gehen in die Kantine und setzen sich allein an einen Tisch, fangen vielleicht noch an, Zeitung zu lesen. Obwohl Sie in dem Beispiel mit keinem Menschen reden, wird Ihr Verhalten von anderen Anwesenden in der Kantine doch (wahrscheinlich) wahrgenommen und vielleicht auch interpretiert. Die Interpretation kann unterschiedlich sein, meist wird sie in diese Richtung gehen *„Der will seine Ruhe haben."* Vielleicht aber auch *„Der ist sich wohl zu fein, sich mit uns an einen Tisch zu setzen."*

Ein anderes Beispiel

Sie gehen zur Kantine und begegnen einer Arbeitskollegin, die Sie nur vom Sehen kennen. Sie gehen vorbei, ohne sie anzusehen und ohne sie zu grüßen. Was wird sie denken?

Ob Sie es wollen oder nicht, vieles von dem, was Sie tun und alles was Sie lassen, wird wahrgenommen und so oder auch anders interpretiert.

Nehmen wir ein anderes alltägliches Beispiel. Sie gehen in eine Besprechung. Betrachtet man dies aus dem kommunikativen Blickwinkel heraus, entstehen viele Fragen:

- ➢ Wie betreten Sie den Raum?
- ➢ Wie sind Sie gekleidet?
- ➢ Wie sicher oder unsicher wirken Sie?
- ➢ Wie begrüßen Sie die Anwesenden?
- ➢ Welchen Sitzplatz suchen Sie aus?
- ➢ Wie richten Sie Ihren „Arbeitsplatz" ein?
- ➢ Reden Sie vor Beginn mit anderen, wenn ja, mit wem, über welche Themen, in welcher Form?
- ➢ Setzen Sie sich hin und studieren Ihre Akten oder schauen Sie aus dem Fenster hinaus?

Die alltägliche Situation bietet viele Möglichkeiten und viele Gelegenheiten für andere Ihr Verhalten zu beobachten, einzuschätzen und daraus ihre Schlüsse zu ziehen. Dabei können Sie leider nicht kontrollieren, welcher Art diese Schlüsse sind.

Die Konsequenz darf nicht sein, dass Sie sich in jeder Sekunde überlegen, was Sie jetzt tun sollten, um ein gutes Bild abzugeben. Aber Sie sollten bei wichtigen Terminen, Gesprächen und Personen überlegen, welchen Eindruck Sie machen wollen und Sie dies am besten erreichen können, eben bewusst kommunizieren.

Das heißt nicht, dass Sie sich unnatürlich verhalten sollen.

Bleiben Sie Sie selbst, bleiben Sie authentisch.

Denn Ihr Gegenüber wird das oft schneller bemerken, als es Ihnen lieb ist. Je mehr Sie auf die Signale achten, die andere an Ihnen wahrnehmen, desto besser lernen Sie sich selbst, die anderen und Ihre Wahrnehmung kennen. Desto besser können Sie den Eindruck, den sie machen, „steuern".

Auch dies sind Alltagserfahrungen:

Bei vielen Vorstellungsgesprächen wird der ausgewählt, der sich am besten verkaufen kann. Bei vielen mündlichen Prüfungen zählt nicht in erster Linie das Fachwissen, sondern das sichere und sympathische Auftreten.

Ausdrucksmittel nutzen

Bei dem Begriff Kommunikation denken viele in erster Linie an Sprache. Und sicherlich hat Sprache eine hervorstechende Bedeutung, wenn es um die Vermittlung von Informationen geht. Doch Kommunikation ist mehr. Jeder Austausch von Informationen ist gleichzusetzen mit Kommunikation. Und auch der Begriff Information muss weit gefasst werden. Alles, was andere bei Ihnen wahrnehmen, ist Information. Dies ist die Farbe der Haare, wie das gesprochene Wort oder ein Lächeln.

Wählt man ein solch umfassendes Verständnis von Kommunikation, müssen neben der Sprache andere Kommunikationsmittel näher betrachtet werden. Zum Beispiel zeigen Untersuchungen, dass der (Erst-) Eindruck von einem Menschen vornehmlich von anderen Faktoren abhängig ist. Aber Sie sollten sich auch nicht unnötig Steine in den Weg legen, weil Sie unbewusst auf andere in einer Weise wirken, die Sie gar nicht beabsichtigen.

6. Selbsttuning – Der erste Schritt zum Erfolg

„Hätte der Verkäufer doch mehr Fachkompetenz, wenn er doch wenigstens richtig zuhören und dafür weniger reden würde. In meine Lage kann er sich auch nicht versetzen. Und mit meinen Kollegen aus der Entwicklung hat er auch schon geredet, wahrscheinlich ist die Entscheidung auch schon getroffen worden. Was will man dann noch von mir, was soll ich denn noch machen?"

An dieser Stelle ist es nachvollziehbar, dass der Einkäufer glaubt ein positives Verhandlungsergebnis nicht mehr in eigener Hand zu haben. Die Begründung für ein möglicherweise nicht so gutes Verhandlungsergebnis ist u.a. auch in der Vielfältigkeit des Aufgabenbereiches zu sehen. Welche Kompetenzen muss ein Einkäufer heute mitbringen? Neben persönlichen Kompetenzen stehen soziale und fachliche Kompetenzen genauso im Mittelpunkt wie die Methodenkompetenzen. Dann die Ziele, die im Laufe eines Jahres zu erreichen und erfüllen sind. Beispielsweise Lieferanten zu strategischen Partnern entwickeln, Innovationen bei Lieferanten aufspüren, Prozess- und Materialkosten senken oder die Qualität bei den Lieferanten zu sichern.

Mittlerweile eine Herkulesaufgabe, denn positive und gute Verhandlungsergebnisse werden auch noch erwartet. An dieser Stelle wollen wir gleich auf die unterschiedlichen Persönlichkeitsstrukturen von Einkäufer und Verkäufer eingehen. Einkäufer, so sagt man in Vertriebskreisen, interessiert nur das Ergebnis einer Verhandlung. Zahlen, Daten, Fakten stehen für sie im Mittelpunkt. Der Verkäufer ist neben einem Auftrag mit guten Konditionen auch an einer guten Beziehung zum Einkäufer interessiert. Verkäufer wird man nur dann, wenn man karriereorientiert, menschenorientiert und kontaktfreudig ist.

Auch eine gewisse Extroversion ist bei Verkäufern typisch. Extrovertierte Menschen sind gesprächig, bestimmt, aktiv, energisch, dominant und auch enthusiastisch.

Der Gegenpol ist die Introversion. Introvertierte Charaktere beobachten eher, als dass sie selbst handeln. Sie sind eher still, sorgfältig, reflektierend, zurückgezogen und häufig auch scheu. Ein Verhaltensmuster, das wir sehr häufig in Einkaufsbereichen feststellen.

In vielen Unternehmen sind Einkäufer immer noch Einzelkämpfer und fühlen sich häufig als „fünftes Rad am Wagen". Einkäufer sind für viele Produkte zuständig und haben es in der Regel mit sehr vielen Lieferanten zu tun. Sie haben sehr komplexe Aufgaben, die ihnen wenig Gelegenheit geben, für eine anstehende Verhandlung eine detaillierte Vorbereitung zu gestalten. Einkäufer werden häufig erst dann hinzugezogen, wenn Entscheidungen bereits in den Fachbereichen getroffen wurden.

Diese Handlungsweise der Verkäufer ist auch bekannt unter dem Begriff des „Maverick Buying". Für den Verkäufer ein sehr erfolgreicher Weg, sein Ziel zu erreichen. Für den Einkäufer ein Ärgernis, das er in vielen Fällen (noch) nicht verhindern kann.

Geht es in eine Verhandlung, so erwartet der Einkäufer von dem Verkäufer eine passgenaue Lösung und ist somit stark Zahlen-Daten-Fakten orientiert. Small Talk hat in vielen Fällen keinen Platz. Sachbezogenheit spielt in der Vorgehensweise eine sehr große Rolle. Eine besondere Beziehung zu einzukaufenden Produkten oder Dienstleistungen hat er nicht. Eine Identifikation mit den einzukaufenden Produkten oder Dienstleistungen findet in den seltensten Fällen statt. Eine gute Vorbereitung auf die Verhandlung fällt schon aus Zeitgründen weg. Also verlassen sich viele Einkäufer auf Zahlen, Daten, Fakten, auf ihre Erfahrungen und in vielen Fällen auf ihre Machtposition. Sie glauben, dass sie am längeren Hebel sitzen.

Anders die Verkäufer. Verkäufer sind teamorientiert und immer auf den eigenen Erfolg fokussiert. Sie sprechen mit vielen Mitarbeitern bei ihrem zukünftigen Kunden. Sie bauen gute Beziehungen auf. Sie erhalten Informationen aus den unterschiedlichsten Quellen und setzen diese in Verhandlungen ein. Sie besitzen einen „Werkzeugkoffer", in dem immer das passende Argument zu finden ist. Verkäufer sind immer gut vorbereitet. Sie bilden eine Einheit, mit ihrem Unternehmen, mit ihren Produkten und Dienstleistungen. Somit sind sie Teil seiner beruflichen Identität.

In vielen Unternehmen ist im Einkaufsbereich das Rotationsprinzip eingeführt worden. So erzählte uns eine Einkaufsleiterin, dass in ihrem Unternehmen die Einkäufer alle zwei Jahre ausgewechselt werden, damit der Einkäufer keine zu enge Beziehung zu seinen Lieferanten aufbauen kann. Die negative Konsequenz wird auch hier sehr deutlich. Durch diese Neubesetzungen wird zwangsläufig die Wissenstiefe auf einem geringen Niveau gehalten. Der Verkäufer, der in der Regel über lange Jahre in seiner Branche bleibt, verfügt durch diese Zugehörigkeit über ein profundes Wissen und ist dem Einkäufer gegenüber im Vorteil.

Auch Äußerlich unterscheiden sich der Einkäufer und der Verkäufer. Einkäufer legen nicht so viel Wert auf ihr Äußeres wie ein Verkäufer. Für den Verkäufer zählen Umsatz, Provisionen und damit der persönliche Erfolg. Das spiegelt sich in Kleidung, Accessoires und auch beim Auto wieder. Erfolg macht selbstbewusst. Das erkennt man auch am Auftreten der Verkäufer. So lässt sich ein unterschiedliches „Ticken" der beiden Kontrahenten feststellen, das auch in vielen Fällen der Auslöser von Konfrontationen sein kann. Zusammengefasst können wir die Charakteren beispielsweise wie folgt darstellen:

Checkliste 1:   Charaktermerkmale Einkäufer vs. Verkäufer

(Diese Tabelle hat keinen Anspruch auf Vollständigkeit)

EINKÄUFER	VERKÄUFER
Ergebnisorientiert	Umsatz-, Provisionsorientiert
Zahlen-, Daten-, Fakten-orientiert	Beziehungsorientiert
Sachlich, introvertiert, wenig Emotionen	Extrovertiert, Menschenorientiert,
Einzelkämpfer	Teamorientiert
Häufig überlastet	Zielfokussiert
Selten gut vorbereitet	Immer gut vorbereitet
Äußerlichkeiten spielen keine Rolle	Statusorientiert

Diese Gesetzmäßigkeiten bestimmter Verhaltensmuster können Sie als Einkäufer ändern.

Dazu sollten Sie:

> die richtige Einstellung zu Ihrem Job, Lieferanten, Markt und sich selber finden
> Ihre Motivation das ganze Jahr über aufrechterhalten
> eine konstante disziplinierte Leistung erbringen
> alte Gewohnheiten, welche nicht zum Erfolg führen, durch neue ersetzen
> Hemmungen und emotionale Blockaden abbauen
> Erfolge und Misserfolge managen können
> effiziente Arbeitstechniken nutzen, um Zeitfallen zu eliminieren
> Ziele nicht nur planen, sondern alles dafür zu tun, um sie zu erreichen
> positiv mit Druck und Stress umgehen
> Einfühlungsvermögen für Lieferanten, Mitarbeiter und Kollegen entwickeln
> Persönlichkeitstypologien erkennen können
> Ihre eigenen mentalen Stärken nutzen

MERKE:

Ihr Einkaufserfolg hängt nicht nur von den richtigen Techniken ab.
Ihre Persönlichkeit ist entscheidend!

6.1 Eine Frage der Einstellung

Um Verhandlungsaufgaben für Ihr Unternehmen erfolgreich umzusetzen, ist eine positive Grundstimmung und Einstellung notwendig. Ihre positive Einstellung und auch die entsprechende Motivation ist die Voraussetzung für eine erfolgreiche Verhandlung. Die wesentlichste Erkenntnis dazu lautet:

Ihr Einkaufserfolg hängt nicht nur von den richtigen Techniken ab.
Ihre Persönlichkeit ist entscheidend!

Sie können grundsätzlich davon ausgehen, dass auch Ihr Gesprächspartner auf eine positive Stimmung programmiert ist und sich von seiner Motivation leiten lässt.

Wie heißt es doch so schön:

Nur wer selbst brennt, kann andere entzünden!

In diesem Zusammenhang nutzen wir gerne die Geschichte eines sehr erfolgreichen Unternehmensführers, der seinen Bereichs- und Abteilungsleitern regelmäßig vermittelt, dass in jedem von uns ein guter und ein böser Verhandler wohnt, die beide ständig miteinander streiten.

Auf die Frage eines seiner Bereichsleiter, welcher wohl gewinnen wird, antwortet der Unternehmensführer: *„Der, dem du Nahrung gibst!"*

Dieses Phänomen kennen wir auch als selbsterfüllende Prophezeiung.

Allein der Gedanke *„Das wird eine schwierige Verhandlung."*; *„Das schaffe ich nicht."* oder *„Mal sehen, was da so geht?"* im Vorfeld einer Verhandlung wird Sie scheitern lassen.

Bei dem ersten Gedanken wird die Verhandlung für Sie schwierig. Bei dem zweiten Gedanken scheitern Sie, und der dritte Gedanke sagt klar aus, dass Sie keine Ziele haben.

In diesem Beispiel wird doch sehr deutlich, was den entscheidenden Faktor für eine positive Stimmung in Ihren Verhandlungen darstellt.

Wem jedoch die nötige positive Denkweise und somit auch die innere Einstellung und somit die entsprechende Motivation fehlt, kann nicht erfolgreich in seinem Handeln werden. Auch wenn Sie es noch nicht glauben, wenn Ihre innere Einstellung stimmt, haben Sie schon einen großen Teil des möglichen Erfolges in der Tasche.

Jeder Mensch kann erfolgreich sein. Er muss es nur wollen. Dazu muss er jedoch seine alten Gewohnheiten im Kopf durch neue ersetzen.

Dazu ein kleiner Selbsttest:

Nachstehend finden Sie die Anfangsformulierungen einiger Fragen. Ergänzen Sie diese bitte mit Ihren Aussagen.

Einkaufen bedeutet für mich

....

Unsere Forderungen sind

....

Meine Ziele dieses Jahr sind

....

Was soll dieser Selbsttest nun aussagen? Egal, was Sie dort für sich notiert haben. Genau die Aussage, die Sie hier getroffen haben, die Einstellung, die Sie schriftlich fixiert haben, wird Sie durch Ihr Berufsleben führen. Wir Autoren wissen nicht, ob es für Sie positiv oder negativ ausgelegt werden kann. Eine Grundregel können wir jedoch davon ableiten. Bewusste und unbewusste Überzeugungen, Absichten und Einstellungen steuern unser Verhalten und somit unser Leben.

Wenn Sie der Überzeugung sind, dass…

…Einkaufen für Sie „Preisdrücken" bedeutet, werden Sie immer mit einem unspektakulären Ziel in eine Verhandlung gehen, weil Sie Ihrem Verhandlungspartner seinen gesamten Spielraum nehmen. Preisdrücken bedeutet „Keine Rücksicht auf die Motive des Verkäufers nehmen." Letztendlich ist auch keine langfristige Partnerschaft möglich.

…die Forderungen, die Sie an Ihre Lieferanten stellen, zu hoch sind, werden Ihnen Ihre Lieferanten dankbar für Ihr vorzeitiges Entgegenkommen sein. Ihr Gesprächspartner wird sofort Ihr Unwohlsein beim Aussprechen der Forderung registrieren. Sie werden auf keinen Fall für den Einkaufserfolg Ihres Unternehmens kämpfen. Nur wenn Sie von Ihrer Forderung überzeugt sind, werden Sie diese durchsetzen.

…Ihre Einkaufsziele in diesem Jahr zu hoch sind, weil der Zuliefermarkt es Ihrer Meinung nach nicht hergibt, werden Sie diese Ziele nicht erreichen. *„Schon wieder eine Erhöhung meiner Ziele, wie soll ich das denn schaffen. Die sitzen doch gar nicht an unserem Schreibtisch und können die Situation bei unseren Lieferanten gar nicht beurteilen. Wie soll ich das denn hinkriegen?"* Mit dieser Einstellung werden Sie es auch nicht hinkriegen. Ändern Sie hier den Fokus Ihrer Gedanken und lösen Sie sich von den negativen Sichtweisen. Dann werden Sie diese Ziele erreichen, durch Ihre Überzeugung.

Prüfen Sie nun für sich die folgenden Aussagen:

> ➢ *„Ich kann machen, was ich will, mir gelingt heute nichts!"*
> ➢ *„Hoffentlich geht das nicht auch wieder daneben!"*
> ➢ *„Bei mir klappt heute aber auch gar nichts!"*
> ➢ *„Das schaffe ich nie!"*
> ➢ *„Das ist nichts für mich!"*

So oder ähnlich haben Sie bestimmt schon einmal reagiert. Ihnen ist nach der Aussage auch nichts gelungen oder alles danebengegangen. Hier haben wir es mit sich selbst erfüllenden Prophezeiungen zu tun. Paul Watzlawick gibt in seinem Buch „Die erfundene Wirklichkeit" folgende Bedeutungsklausel ab:

„Eine sich selbst erfüllende Prophezeiung ist eine Annahme oder Voraussage, die rein aus der Tatsache heraus, dass sie gemacht wurde, das angenommene, erwartete oder vorhergesagte Ereignis zur Wirklichkeit werden lässt und so ihre eigene 'Richtigkeit' bestätigt."

Wem die Arbeit keinen Spaß macht, ist frustriert, wird aggressiv und resigniert. Das belastet das menschliche Miteinander und erschwert das Berufsleben. Wer keinen Spaß an seiner Aufgabe hat, keine Befriedung durch Leistung verspürt, schwächt seine eigene Kommunikations- und Leistungsfähigkeit. Das ist der erste Schritt zur inneren Aufgabe. Immer dann, wenn Sie negativ mit sich „sprechen", wird Ihr Unterbewusstsein stets „mithören". Unser Unterbewusstsein lässt sich nicht abschalten wie ein Tonbandgerät. Alles das was Sie denken und fühlen, wird vom Unterbewusstsein wahrgenommen. Wenn Sie selbst schon Negatives erwarten (Ihr Unterbewusstsein kann hier keine Unterscheidung treffen, ob es gedacht ist oder ob es real ist) – wie wollen Sie dann noch ein Gefühl der positiven inneren Einstellung für sich aufbauen?

Als Beweis möchten wir hier den simplen Zitronentest anwenden, den Sie sicher alle kennen oder davon gehört haben.

Stellen Sie sich eine saftige Zitrone in ihrer vollen Reife vor. Diese wird jetzt von Ihnen in vier Viertel aufgeteilt. Jetzt lehnen Sie sich entspannt zurück, schließen Ihre Augen und beißen langsam und herzhaft in diese Zitrone. Wir sind überzeugt, dass in diesem Moment des Reinbeißens ein größerer Speichelfluss in Ihrem Mund vorhanden war. Unser Unterbewusstsein kann nicht unterscheiden, ob es real oder nur gedacht war. Dennoch hat sich Speichel bei Ihnen gebildet.

Dadurch, dass Sie mit negativen Wahrnehmungen und Vorstellungen umgehen, schaffen Sie Filter, die in ihrer Art und Weise bestimmen, wie Sie Ihre Umwelt und sich selbst wahrnehmen. Durch diese Wirkung wird Ihr Handeln auch in eine bestimmte Richtung gelenkt. Diese Wahrnehmungen wirken im Unterbewusstsein und erzeugen eine bestimmte Erwartung. Ihre mögliche Unzufriedenheit und auch der mögliche Misserfolg ist immer das Ergebnis einer negativen Wahrnehmung. Das können Sie jederzeit ändern.

MERKE:

> Das was Sie denken, bestimmt Ihr Verhalten und Handeln – und mit Ihrem Verhalten und Handeln nehmen Sie Einfluss auf das, was Sie erreichen!

Was können Sie nun tun? „Programmieren" Sie Ihr Unterbewusstsein täglich mit für Sie positivem Gedankengut. Stellen Sie sich bestimmte positive Aussagen zusammen, die Sie sich immer dann noch einmal ins Gedächtnis rufen, bevor Sie wichtige Telefonate oder Lieferanten-verhandlungen führen und an andere komplizierte Aufgaben herange-hen! Diese positiven Aussagen haben die gleiche Wirkung auf Ihr Unter-bewusstsein, allerdings mit positiven Auswirkungen.

Zu einer positiven inneren Einstellung gelangen Sie, indem Sie sich selbst entsprechend „programmieren". Das bedeutet, sich mit dem The-ma „positives Denken" immer und immer wieder auseinander zu setzen und Ihre alten Gewohnheiten abzulegen.

Wenn Sie sich der Thematik des positiven Denkens verschließen, sollten Sie sich nicht wundern, dass sich Ihr Unterbewusstsein treu und brav an das Negative hält und Ihre alten Gewohnheiten unterstützt. Wir sind ge-nerell eher auf das Negative, als auf das Positive programmiert. Das zeigt uns immer wieder ein kleines Experiment, das wir in unseren Trai-nings durchführen. Bei diesem Experiment bitten wir einen Teilnehmer aufzustehen. Wir Trainer gehen auf diese Person zu, mustern sie und sprechen den Teilnehmer mit folgenden Worten an:

„Herr Müller, Ihr Hemd sieht richtig gut aus, aber die Krawatte...,"

und genau jetzt schweigen wir und schauen ihn nur an.

In diesem Moment erleben wir eine interessante Reaktion. Der Teilneh-mer schaut auf seine Krawatte und fühlt sich sofort zu einer Rechtferti-gung aufgefordert, z.B. sehr häufig mit der Aussage *„die Krawatte hat meine Frau ausgesucht."*

Was zeigt uns dieses Experiment?

Das Schubladensyndrom der negativen Denkweise gewinnt die Ober-hand. Der Teilnehmer vermutet sofort, dass uns die Krawatte nicht gefällt und interpretiert unsere Aussage und Verhalten negativ. *„Die Krawatte gefällt ihm nicht."* Neben dem Fokus auf diese negative Denkweise fühlt er sich auch noch zu einer Rechtfertigung aufgefordert. Diese Denkwei-se begleitet uns auch im Berufsalltag.

Hand aufs Herz. Haben Sie auch schon nachfolgende Aussagen ins Ge-spräch gebracht?

> ➤ Das ist keine gute Idee
> ➤ Das haben wir noch nie so gemacht
> ➤ So geht das nicht

Häufig werden gute Ansätze oder Ideen mit solchen Aussagen zunichte gemacht. Es wird sofort nach Gründen gesucht, weshalb der Vorschlag oder die Empfehlung nicht infrage kommt. Diese Aussagen vernichten die Chancen für Veränderungen und für mögliche erfolgreichere Wege.

Hierzu gibt es eine schöne Geschichte aus dem Buch „Anleitung zum Unglücklich sein" von Paul Watzlawick.

„Ein Mann will ein Bild aufhängen. Den Nagel hat er, nicht aber den Hammer. Der Nachbar hat einen. Also beschließt unser Mann, hinüberzugehen und ihn auszuborgen. Doch da kommt ihm ein Zweifel: Was, wenn der Nachbar mir den Hammer nicht leihen will? Gestern schon grüßte er mich schon so flüchtig. Vielleicht war er in Eile. Aber vielleicht war die Eile auch nur vorgetäuscht –, und er hat was gegen mich. Und was? Ich habe ihm nichts angetan; der bildet sich da etwas ein. Wenn jemand von mir ein Werkzeug borgen wollte, ich gäbe es ihm sofort. Und warum er nicht? Wie kann man einem Mitmenschen einen so einfachen Gefallen abschlagen? Leute wie dieser Kerl vergiften einem das Leben. Und dann bildet er sich noch ein, ich sei auf ihn angewiesen. Bloß weil er einen Hammer hat. Jetzt reicht`s mir wirklich. – Und so stürmt er hinüber, läutet, der Nachbar öffnet, doch noch bevor er 'Guten Tag' sagen kann, schreit ihn unser Mann an: 'Behalten Sie doch Ihren blöden Hammer, Sie Rüpel'!"

Denken Sie positiv, dann könnten die Antworten so lauten:

➢ Das ist keine gute Idee
  ○ **„Super Idee, da mache ich was draus."**

➢ Das haben wir noch nie so gemacht
  ○ **„Klingt gut, das setze ich jetzt mal so um."**

➢ Das geht gar nicht
  ○ **„Das ist machbar, ich packe es an."**

Wem jedoch die nötige positive Denkweise, die innere Einstellung und somit die entsprechende Motivation fehlt, kann und wird nicht erfolgreich in seinem Handeln werden. Jeder Mensch kann erfolgreich sein. Er muss es nur wollen.

Nehmen Sie also nichts Negatives im Vorfeld der Verhandlung in sich auf. Gedanken können Sie mit einem Magneten vergleichen. Negatives zieht Negatives an – und im Positiven funktioniert es genauso. Ihre Gedanken bestimmen Ihr Handeln. Und Ihr Handeln bestimmt auch Ihr Ergebnis.

MERKE:

Erfolg oder Misserfolg entsteht zuerst im Kopf.
Sie können Ihre Einstellung wählen!

6.2 Erfolgsfaktor Kompetenzen / Stärken / Fähigkeiten

Wie sieht es mit Ihren persönlichen Kompetenzen, Stärken oder Fähigkeiten aus? Sie werden sich bestimmt an einige Situationen erinnern, in denen Sie besonders erfolgreich waren. Was war das besondere in diesen Situationen? Wie haben Sie sich gefühlt? Wie zufrieden waren Sie mit dieser Situation?

Zu Ihren Fähigkeiten / Kompetenzen und Stärken haben wir Ihnen eine Checkliste vorbereitet. Wenn Sie z.B. für sich erkannt haben, dass Ihr Auftreten verbesserungswürdig ist, machen Sie jeweils ein Kreuz in die Felder „Vorhanden" und „Bedarf". Kreuzen Sie in den einzelnen Feldern an, wie Sie sich selbst sehen. Wenn Sie glauben, dass Ihre Schlagfertigkeit sehr ausgeprägt ist, kreuzen Sie das Feld „Ausgeprägt" an.

Bei vorhandenen Kompetenzen / Stärken oder Fähigkeiten sollten Sie sich im zweiten Schritt nach dem klassischen Schulsystem benoten. Dazu nutzen Sie nur das Feld „Vorhanden" oder „Bedarf". Achten Sie darauf, welche Kompetenzen / Stärken oder Fähigkeiten besonders wichtig, für das, was Sie in Ihrem Unternehmen tun, sind. Geben Sie diese Checkliste auch einem Ihrer Kollegen und bitten Ihn, anzukreuzen, welche Kompetenzen / Stärken oder Fähigkeiten er bei Ihnen in welcher Ausprägung wahrnimmt. Anschließend vergleichen Sie diese Liste mit der von Ihnen ausgefüllten Liste. Diskutieren Sie die Abweichungen oder Diskrepanzen mit Ihrem Kollegen. Sollten Sie für sich einen vorhandenen Bedarf anhand der vergebenen Schulnoten zur Weiterentwicklung entdecken, zögern Sie nicht, mit Ihrem Vorgesetzten darüber zu reden.

MERKE:

In ihrem Job zählen nur sehr gute oder gute Ergebnisse. Alles andere führt in der eigenen Weiterentwicklung zum Stillstand!

Checkliste 2:   Kompetenzen

Kompetenz / Stärke / Fähigkeit	Ausgeprägt	Vorhanden	Bedarf
Auftreten			
Körpersprache			
Blickkontakt			
Kontrollierte Gestik			
Sprache			
Stimmführung			
Tempo / Rhythmus Stimme			
Spontanität			
Schlagfertigkeit			
Überzeugende Argumentation			
Präzise Formulierung			
Einwandbehandlung			
Rhetorik			
Verhandlungstechniken			
Präsentationsfähigkeit			
Vor Gruppen reden			
Auf andere mitreißend wirken			
Diskutieren			
Zuhören können			
Selbstständig arbeiten			
Zuverlässig sein			

Effizient arbeiten			
Sorgfältig & präzise Arbeiten			
Schnell und flexibel umstellen			
Dinge in Gang bringen			
Ideen umsetzen			
Neues versuchen			
Unternehmerisch denken			
Sich für eine Sache einsetzen			
Bereichsübergreifend denken			
Informationen beschaffen			
Herausforderungen erkennen			
Herausforderungen lösen			
Analysieren			
Durchsetzungsstärke			

6.3 Vom Selbsttuning zum Erfolg

Von Immanuel Kant stammt die Aussage *„Durch den Verstand werden die Vorstellungen zur Einheit verknüpft."* Nutzen Sie nachstehende Aspekte zur Gedankenhygiene. Lösen Sie sich von negativen Denkmustern, denn nichts macht erfolgreicher als Erfolg.

> ➤ Kontrollieren Sie täglich Ihre wichtigsten Erfolgsvoraussetzungen, wie z.B. die Anzahl der möglichen Verhandlungsziele. Machen Sie in Ihren Verhandlungen deutlich, dass Sie Ihre ganze Kraft einsetzen für das, was für Sie wichtig ist. Diese Entschlossenheit wird von der Gegenseite positiv aufgenommen.

> ➤ Rufen Sie in weniger guten Zeiten öfter die besonderen Vorteile Ihres Berufes vom Einkäufer in Erinnerung z.B. das selbständige Arbeiten, die Kreativität. (Berufs-Identifikation)

➤ Erarbeiten Sie alle Nutzen und Vorteile Ihres Unternehmens / Angebotes, um damit als kompetenter Einkäufer aufzutreten. (Unternehmens-Identifikation)

➤ Beginnen Sie jedes Telefonat, jedes Einkaufsgespräch, jeden Brief mit Plus-Punkte sammeln. Damit versetzen Sie sich und den Lieferanten in eine positive Stimmung. (Positive Ausstrahlung)

➤ Fragen Sie sich: *„Wie würde ich jetzt auftreten, wenn ich genau wüsste, dass das nächste Einkaufsgespräch absolut erfolgreich ist?"* Mit einer positiven Ausstrahlung wirken Sie energiegeladen und sympathisch. So sollten Sie dann auch auftreten.

➤ Versuchen Sie jede schwierige Situation als eine echte Herausforderung zu sehen, auf die Sie sich freuen. (Positive Gedankenkontrolle)

➤ Fragen Sie sich bei jedem Misserfolg: Was kann ich daraus lernen? (Positive Gedankenkontrolle)

➤ Immunisieren Sie sich gegen die unvermeidlichen Rückschläge, Misserfolge oder sonstige Schwierigkeiten, in dem Sie sich schon geistig darauf einstellen. Überlegen Sie sich schon vorher Ihre beste Reaktionsmöglichkeit. (Positive Gedankenkontrolle)

➤ Sagen Sie nach Misserfolgen: Jetzt erst recht! (Selbstvertrauen)

➤ Nehmen Sie Ihre Erfolge bewusst war. Speichern Sie Ihre erfolgreichsten Methoden und Gefühle in Ihrem Gedächtnis ab und rufen Sie sie in weniger guten Situationen wieder ab. (Selbstvertrauen)

➤ Reden Sie sich in weniger guten Situationen Mut zu. Ich schaffe das! Ich gebe Gas! Ich bleibe weiter dran! Ich bin Gut! (Selbstvertrauen)

➤ Machen Sie nach jedem Misserfolg eine kurze Auswertung, danach stoppen Sie sofort jede Selbstkritik. (Selbstvertrauen)

➤ Definieren Sie Ihr eigenes Motto: Erfolg beginnt immer mit dem Gedanken an Erfolg. (Selbstvertrauen)

➤ Sehen Sie Misserfolge nicht als persönliche Niederlage, sondern als statistische Schritte zum Erfolg an. Achten Sie nur darauf weiter zu machen. Denn Misserfolge sind Ratenzahlungen für Erfolge. (Selbstvertrauen)

➤ Verstärken Sie den Abschlussdruck, indem Sie sich schon vorher vorstellen, wie Sie vorgehen werden und wie der Lieferant seine Zustimmung geben wird. Tun Sie das so oft, bis Sie sich voll motiviert begeistert fühlen. (Selbstvertrauen)

➢ Gehen Sie bei jedem Einkaufsgespräch schon vorher davon aus, dass Sie den Lieferanten bis zu fünf Mal ansprechen müssen, um zum Erfolg zu kommen. (Selbstvertrauen)

➢ Bereiten Sie vor jedem Einkaufsgespräch drei Abschlussversuche vor und geben Sie nicht vorher auf, bevor Sie nicht alle drei versucht haben. (Selbstvertrauen)

➢ Nehmen Sie sich vor, ab heute für den Erfolg zu kämpfen, nicht aufzugeben und nicht zu resignieren. Denn nur der schwer erarbeitete Erfolg macht Sie zum Gewinner. (Selbstvertrauen)

➢ Entwickeln Sie Ihre Einkaufsstrategie und halten Sie sich auch nach Misserfolgen daran (Konzept).

➢ **Motiviere Dich selbst** – Ich glaube an mich und meine Fähigkeiten; ich bin fest davon überzeugt, dass ich meine Wünsche verwirkliche und meine gesteckten Ziele erreiche.

Quelle in Anlehnung und Erweiterung von Hans Christian Altmann „Erfolgreicher verkaufen durch Positives Denken"

Positives Denken und positive Motivation allein reichen oft nicht aus. Unsere beiden Antriebskräfte sind Lust und Schmerz oder besser: Lust und die Vermeidung von Schmerz. Wenn Sie also spüren, dass für (unangenehme) Tätigkeiten allein die Vorstellung, wie gut Sie sich fühlen, wenn Sie diese Aufgaben erledigt haben, nicht ausreicht, dann machen Sie doch Folgendes:

Notieren Sie sich neben allen Vorteilen des Aktivwerdens auch die Nachteile weiterer Untätigkeit. Nutzen Sie dabei die Kraft der Visualisierung. Je stärker Sie sich bildlich diese Nachteile vor Augen führen, umso mehr verstärken Sie Ihren positiven Antrieb.

6.4 Handlungsweisen, die Sie vermeiden können

Wenn etwas nicht klappt, wenn etwas danebengeht, suchen Sie nicht lange nach den Schuldigen oder den Ursachen. Schauen Sie einfach in einen Spiegel. Dort sehen Sie die Ursache. Der wahre Schuldige ist das eigenes Unterbewusstsein, das Sie steuert, sozusagen Ihre zweite Stimme. Diese zweite Stimme ist auch als „innerer Schweinehund" bekannt. Diese zweite Stimme hat eine große Macht über uns. Und sie wirkt schon morgens, wenn der Wecker klingelt – *„Noch fünf Minuten, ich stehe gleich auf"; „noch einmal umdrehen, den Kaffee kann ich auch im Büro trinken" (…)*.

Besonders stark unterstützt uns diese zweite Stimme, wenn es darum geht, notwendige Entscheidungen und Schritte mit allen möglichen Ausflüchten hinauszuschieben.

Das prägt letztendlich unser Verhalten. Einfache Wege sind entspannend, einfache Wege bereiten uns keine Mühe, das ist auch der Grund, dass wir häufig diesen Weg gehen. Unser Verhalten bestimmt unser Handeln. Da ist es kein Wunder, wenn nachfolgende Handlungsweisen die Basis für eine negative Prägung unserer inneren Einstellung darstellt:

➤ ein mangelndes Interesse daran, sich die nötigen Fachkenntnisse anzueignen

➤ die Gewohnheit, anderen den „schwarzen Peter" zuzuschieben, statt selbst entschlossen zu handeln

➤ die Gewohnheit alles auf den nächsten Tag, Woche, Monat etc. zu verschieben

➤ die Gewohnheit, nach immer neuen Ausflüchten zu suchen, statt eine klare Vorgehensweise auszuarbeiten

➤ die Gewohnheit, anderen die eigenen Fehler in die Schuhe zu schieben

➤ der Mangel an eigener Begeisterung

➤ der Mangel an eigenem Engagement

➤ die Bereitschaft, bei der ersten Schwierigkeit „alles hinzuwerfen"

➤ die mangelnde Bereitschaft, eigene Ziele und eigene Pläne schriftlich festzulegen und zu terminieren

➤ die mangelnde Bereitschaft etwas „Neues" zu lernen (Nicht: *Das war schon immer so!"* oder *„Das machen wir grundsätzlich so!"*)

6.5   Persönliche Regeln zum Selbsttuning

Handeln Sie begeistert

Fassen Sie den überzeugten und festen Vorsatz, die eigene Begeisterung zu verdoppeln und das private und berufliche Leben erfolgreicher zu gestalten.

Verplanen Sie sich selbst

Halten Sie Ordnung in allen Dingen. Nutzen Sie für jede Tätigkeit die dafür zur Verfügung stehende Zeit. Lassen Sie sich durch nichts und niemanden von Ihrem Plan und Tun abhalten.

Lernen Sie zu fragen

Fragen spielen bei Einkaufsgesprächen eine große Rolle. Stellen Sie nie Behauptungen auf, um den anderen zu überreden. Stellen Sie Fragen. So lernen Sie die Meinung des Partners kennen.

Seien Sie nicht rechthaberisch

Henry Ford sagte einmal: *„Mein Erfolg verdanke ich weitgehend der Tatsache, dass ich gerne bereit war, den anderen in sechs Punkten zu zustimmen. Wenn ich im siebten Recht behielt – Sofern dies der wichtigste war."*

Lernen Sie das aktive Hinhören

Hören Sie gut hin, und geben Sie Ihrem Gesprächspartner die Aufmerksamkeiten und Anerkennung, die jeder sucht und so selten bekommt.

Verdienen Sie sich das Vertrauen

Um das Vertrauen anderer zu verdienen und zu erhalten, müssen wir es zuerst verdienen. Bleiben Sie bei der Wahrheit, erfinden Sie keine Geschichten, und behandeln Sie den Gesprächspartner immer so, wie Sie auch behandelt werden möchten.

Lächeln Sie mehr als der andere

Nur der, der ein frohes Gesicht zeigt, ist überall willkommen. Deshalb *„Lächle mehr als andere."* Das Lächeln muss von innen kommen. Dann ist es der Ausdruck einer positiven und freundlichen Haltung.

6.6 Ein Blick ins Gehirn des Verhandlungspartners

Sind es rationale oder logische Gründe, die uns zu Entscheidungen führen oder sind es mehr emotionale oder psychologische Gründe. Heute weiß man, dass Entscheidungsprozesse viel emotionaler ablaufen als bislang gedacht. Viele Menschen, die mit geschäftlichen Verhandlungsprozessen konfrontiert sind, sind immer noch davon überzeugt, dass ihre Verhandlungspartner Entscheidungen bewusst und vernunftorientiert treffen. Egal, ob es sich um Verkaufs- oder Einkaufsverhandlungen, interne oder andere externe Verhandlungen handelt. Genau das ist ein gewaltiger Trugschluss und die Basis dafür, dass dieses Denken jede Menge an Misserfolgen nach sich zieht.

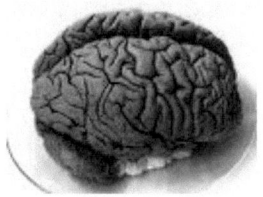

Abbildung 1:   Blick ins Gehirn

Wir wissen heute aus der Gehirnforschung, dass Emotionen nicht nur in allen Entscheidungen vorhanden sind, Emotionen sind die treibende Kraft. Menschen entscheiden sich erst wirklich für das „Haben wollen", wenn sie ein gutes Gefühl dabei haben. Nicht die Ratio legt den Hebel um und entscheidet über das „JA" oder „NEIN". Je stärker positive Gefühle von einem Menschen vermittelt werden, desto wertvoller ist dies für unser Gehirn. Wenn es für unser Gehirn wertvoll ist, stellt sich das Gefühl des „Habenwollens" ein und umso stärker sind wir bereit, dafür zu investieren.

Die Erklärung dafür finden wir in der Gehirnforschung. Menschen handeln aufgrund zweier fundamental im Hirn verbundenen Systemen. Dem Flucht- und dem Belohnungssystem. Wir sind uns nicht bewusst, dass diese beiden Systeme blitzschnell agieren und für uns unkontrollierbar sind. Das Fluchtsystem entscheidet darüber, was wir meiden, das Belohnungssystem bestimmt, was wir suchen, um unser Wohlbefinden zu steigern. Unser Fluchtsystem übernimmt immer die dominante Rolle, denn es ist für unser Überleben notwendig Gefahren fernzubleiben. Das ist sicher auch ein Grund weshalb Menschen häufiger „NEIN" sagen als „JA".

Diese verbundenen Systeme sind verantwortlich für alle Empfindungen und Gefühle, wie Glück, Freude, Wut, Angst, Missgunst, Begeisterung, usw. Oft sprechen wir auch vom Bauchgefühl, welches unsere Entscheidung beeinflusst. Denken wir an den ersten Eindruck, der so oft darüber entscheidet, ob wir mit anderen können oder nicht. In dem Zusammenhang gilt auch, dass Kleinigkeiten eine große Wirkung haben. Die wissenschaftlich belegbare Erkenntnis, dass wir Menschen unsere Entscheidungen überwiegend emotional treffen, hilft uns im Umgang mit unseren Verhandlungspartnern.

MERKE:

> „Produkte oder Dienstleistungen, die keine Emotionen auslösen, sind für das Gehirn wertlos!" (Brain View, Hans Georg Häusel)

Den „Homo oeconimicus", der seine Entscheidungen vollkommen rational trifft und nur auf seinen Nutzen bedacht ist, den hat es noch nie gegeben. Harte Zahlen, Daten und Fakten sind weit weniger relevant als allgemein angenommen wird. Zunächst sind es die Menschen, die hier im Mittelpunkt stehen, erst dann kommt die Sache.

Wer die Emotionen seiner Gesprächspartner ignoriert, wird ihren Verstand kaum erreichen. Aus diesem Grund sprechen wir in unseren Verhandlungen mehr die emotionale Ebene an. Damit unterscheiden wir uns von der Vielzahl anderer Partner.

Wenn wir erkennen und akzeptieren, welchen großen Einfluss das Gehirn hat, werden wir es künftig auch berücksichtigen.

„Nicht was die Dinge wirklich sind, sondern was sie für uns in unserer Auffassung sind, macht uns unglücklich oder glücklich."

Diese Erkenntnis von Arthur Schopenhauer zeigt einmal mehr, dass alles von mindestens zwei Seiten betrachtet werden kann. Unsere Ratio denkt, unser Neandertaler (Bauchgefühl) lenkt – und das kann durchaus in zwei völlig verschiedene Richtungen geschehen, wie jeder von uns weiß.

Wollte man das Schopenhauer-Zitat in den Einkaufsalltags übersetzen, kommt man allseits bekannten, ungeschriebenen Gesetzen sehr nahe, denn:

Jede Aussage, Situation, Sache kann mindestens von zwei Seiten betrachtet werden. So ist etwa die Höhe einer Forderung nur eine Sache der persönlichen Einstellung oder des persönlichen Umfeldes. „100 Euro" sind für den einen sehr viel Geld, für den anderen „nur ein Taschengeld". Das Unbewusste registriert jede Kleinigkeit und schließt oft von der winzigsten Kleinigkeit auf die ganze Sache. So entscheidet auch häufig der erste Eindruck über Erfolg oder Misserfolg. Letztendlich wird die Entscheidung, ob es sich bei diesem (Kauf-) Argument um ein „gutes" oder ein „weniger gutes" handelt, nicht der Verkäufer treffen, sondern nach wie vor der Einkäufer.

7. Kommunikationstool – Wirkungsspiegel

Der Einkaufserfolg hängt davon ab, ob wir überzeugend sind und unsere Gesprächspartner motivieren können. Doch wie kann man überzeugend wirken und die eigene Begeisterung auf den Gesprächspartner übertragen?

Dabei spielen viele Faktoren eine Rolle. Neben den rhetorischen Fähigkeiten spielt unsere Ausstrahlung eine ganz besondere Rolle. Wir fassen die eigene Ausstrahlung unter dem Begriff des Wirkungsspiegels zusammen.

Sicher ist Ihnen diese Situation bekannt. Sie lernen auf einer Party einen neuen Menschen kennen. Der ist Ihnen auf Anhieb unsympathisch. Sie spüren sofort und instinktiv, dass Sie mit diesem Menschen nicht klar kommen werden. Ihnen ist genauso klar, dass man anderen Menschen vorurteilslos und tolerant begegnen sollte. Sie schaffen es aber nicht, mit diesem Menschen in Kontakt zu treten. In diesen Momenten der Begegnung spricht unser Neandertaler (Bauchgefühl) zu uns. Das gleiche gilt auch für unser Berufsleben. Welche Faktoren spielen bei unserer Bewertung hierbei eine Rolle. Woran stellen Sie nun fest, wie Sie diesen Menschen einschätzen. Gerade beim ersten Kontakt spielt die unbewusste Bewertung die größte Rolle. Das Verhältnis von Vernunft und Gefühl stellte schon Sigmund Freud anhand des Eisbergmodells dar. Die Besonderheit des Eisberges besteht darin, dass nur ca. 1/7 zu sehen ist. Die restlichen 6/7 bleiben uns verborgen, denn sie liegen unter der Wasseroberfläche. Diese Eigenschaft lässt sich auch auf das menschliche Verhaltensmodell übertragen. Nur etwa 1/7 unseres Verhaltens erfolgt bewusst und ist geprägt von rationalen, logischen Entscheidungen. Der restliche Teil unserer Handlungen erfolgt unbewusst! Wir können gar nicht anders, als durch unser Äußeres (Kleidung, Frisur, Gesichtsausdruck, Körperhaltung, Stimme,...) ständig Botschaften über uns selbst auszusenden, die von unseren Mitmenschen unbewusst bewertet werden.

Interessant sind in diesem Zusammenhang auch einige Experimente, die von Wirtschaftsmagazinen durchgeführt wurden. So haben sich Testkäufer in lockerer Freizeitkleidung in Autohäusern umgesehen mit dem Ziel, angesprochen zu werden. Das Ergebnis war nicht nur bei den Luxus Autohäusern äußerst erschreckend. Keiner der anwesenden Verkäufer hat sich die Mühe gemacht, diese Testkäufer direkt anzusprechen. Die gleichen Testkäufer besuchten diese Autohändler 3 Tage später noch einmal. Allerdings waren die Testkäufer nun businessmäßig gekleidet. Anzug, Krawatte und was sonst noch dazugehört. Diesmal wurden die Testkäufer ausnahmslos von allen Verkäufern der besuchten Autohäuser angesprochen. Das äußere Erscheinungsbild war für die Bewertung des Autoverkäufers ausschlaggebend. *„Kleider machen Leute."* – auch das ist ein altes Sprichwort, das jeder kennt. Noch heute trifft es zu! Aufgrund des ersten Eindrucks „sortiert" das Unterbewusstsein unseres Gesprächspartners uns in eine Schublade. Kleiden Sie sich also immer einen Touch korrekter, als der Gesprächspartner es erwartet.

Die gleiche Wirkung erzeugt auch unsere Körpersprache. Die Körpersprache ist der Spiegel unserer Seele. Der Körper lügt nicht! Einerseits lernen wir, die körpersprachlichen Signale unseres Gesprächspartners zu deuten und andererseits erkennen wir, wie wir auf unser Gegenüber wirken und wo wir vielleicht durch falsche Körpersignale unnötige Barrieren aufbauen. Als dritte Komponente in unserem Wirkungsspiegel ist der Klang unserer Stimme zu betrachten. Der Klang unserer Stimme wirkt in weit höherem Maße als das, was wir sagen. Die Sprechtechnik umfasst Stimmmelodie und Sprechtempo. Was passiert, wenn wir als Hochgeschwindigkeitsredner auf einen langsam sprechenden Partner treffen? Sie wissen es. Wie wird wohl die Gesprächsbeziehung sein, wenn jeder seinem Stil treu bleibt? Zwei Kulturen stoßen dann aufeinander! Für uns heißt das: Sprechgeschwindigkeit anpassen, jedoch nicht unbedingt kopieren!

Das bestätigt auch eine häufig zitierte Studie von Prof. Dr. Albert Mehrabian – Universität of California. Für diese Studie wurden zwei Schauspieler engagiert. Diese sollten für eine durchzuführende Präsentation als Experten für einen Vortrag mit identischem Thema einem größeren Kreis vorgestellt werden. Die Anweisungen für die Präsentation waren allerdings unterschiedlich. Ein Schauspieler sollte alle Aspekte der Thematik bis in die fachliche Tiefe hinein kennen. Die Vorgabe für sein Auftreten sollte unkonzentriert wirken, er sollte mit einer monotonen Stimmlage auch leise reden. Der Blickkontakt zu den Zuhörern wurde untersagt.

Der zweite Schauspieler erhielt den gegenteiligen Auftrag. Er sollte oberflächliche Aussagen zu der Thematik vermitteln. Fehler und auch leichte Widersprüche waren erlaubt. Allerdings sollte der Vortragsstil lebendig und engagiert sein. Die Identifikation mit dem Gesagten sollte spürbar sein. Das Einbinden der Zuhörer in den Vortrag durch Fragen etc. war gewünscht.

Schauspieler sind für solche Studien prädestiniert. Die Vorträge wurden genau nach den Anweisungen durchgeführt. Im Anschluss an diese Vorträge wurden die Zuhörer befragt, wem sie mehr Glauben schenken würden und wer von den beiden überzeugender war. Mit großem Abstand wurde der lebendigere Redner genannt. Die Analyse dieses Versuches brachte nachstehendes Ergebnis ans Tageslicht.

Ihre Wirkung auf andere

Abbildung 2:   Wirkungsspiegel

Aussehen / Körpersprache   **55%**

Stimme / Sprechtechnik (wie ich etwas sage) **38%**

Inhalt (was ich sage)   **7%**

Die Wirkung der Rede bestand zu 55% aus der Körpersprache und non-verbalen Elementen, zu 38% aus dem Klang der Stimme und zu 7% aus dem Inhalt.

Somit ergibt sich die klare Erkenntnis,...

... dass die Körpersprache souverän sein muss.

... dass der Klang und die Stimme stimmen muss.

... dass die Worte und der Inhalt klar sein müssen.

Für Verhandlungen bedeutet es, dass es nicht nur darauf ankommt, was Sie erreichen wollen, es ist genauso wichtig, wie Sie etwas sagen. Und genau hier spielen Körpersprache und Stimme eine sehr wichtige Rolle. Körpersprache und Stimme sind ein Element ihrer Authentizität. Wir können auch von natürlichen Mitteln reden, die Sie als Persönlichkeit auszeichnen. In diesem Wirkungsspiegel können Sie genau die Faktoren betrachten, die die Wirkung beeinflusst. Erst wenn Sie die Wirkung auf Gesprächspartner und Zuhörer kennen, sind Sie in der Lage, gezielt an möglichen Schwächen zu arbeiten und Ihre Stärken bewusst zu nutzen. Besonders zu Anfang eines Gesprächs oder Vortrags wird die Wirkung durch die Körperhaltung geprägt. Der Gesprächspartner oder Zuhörer sucht Ruhe und Sicherheit beim Vortragenden. Noch vor den ersten

Worten suchen wir zu allen Gesprächspartnern und Zuhörern den Blick-kontakt. So schaffen wir Aufmerksamkeit und Konzentration auf unsere ersten Worte. Über den Augen-Dialog erkennen wir an den Reaktionen der Zuhörer die Wirkung unserer Worte. Augenkontakt schafft Kontakt! Sprache und Körpersprache sind unmittelbar miteinander verbunden. Unsere Körpersprache ist der Spiegel unserer Seele, so eine Aussage von Sammy Molcho. Da drücken sich Unsicherheit, Nervosität oder Sou-veränität und Sicherheit mit der Sprache des Körpers aus. Die Körper-sprache ist stärker als das gesprochene Wort. Natürliche Gestik schafft Vertrauen.

Generell lassen sich drei Wirkungsgesetze ableiten:

> Egal wie – wir wirken immer
> Der Einsatz um negativ oder positiv zu wirken, ist oft gleich
> Die Wirkung auf das Unterbewusstsein ist besonders stark

7.1   Wer nicht auffällt, fällt weg

Wer wirkt, fällt auf. Anders gesagt: Wer sich gut darstellt, wird beachtet. Menschen, die hart arbeiten, sich wirkungsmäßig jedoch nicht von ande-ren abheben, werden übersehen. Diese Erkenntnis ist nicht neu. Der Er-folg dieser Arbeit wird dann von den Menschen geerntet, die sich über-zeugender darstellen. Eine gute Vermarktung erzielt somit eine hohe Beachtung. Nicht nur im Berufsleben hängt unser Erfolg davon ab, wie wir uns in den verschiedensten Situationen anderen Menschen gegen-über verhalten. Auf den Punkt gebracht bedeutet es: Die Basis für den Erfolg ist eine überzeugende Persönlichkeit! Daraus folgt, dass die eige-ne Persönlichkeit das wichtigste Gut in unserem Leben ist.

Untersuchungen bei einer großen Anzahl von Unternehmen haben ge-zeigt, dass die Aufstiegschancen der Mitarbeiter vor allem von drei Fak-toren abhängen:

Faktor 1	Leistung	zu 10%
Faktor 2	Image & persönlicher Stil	zu 30%
Faktor 3	dem Gesehen werden, Auffallen	zu 60%

Das persönliche Image bestimmt also zu 90%, wie Sie eingeschätzt wer-den.

MERKE:

> Wer nicht auffällt, wird auch nicht wahrgenommen!

Vielleicht haben Sie schon Menschen kennen gelernt, die auf Sie einen besonderen Eindruck hinterlassen haben. Die Sie mit oder durch die Art des Auftritts überzeugt haben. Hand aufs Herz: Haben Sie im privaten Umfeld oder im geschäftlichen Bereich schon einmal einem Geschäft zugestimmt, weil Sie von der Person (Ihrem Verhandlungspartner), überzeugt und / oder begeistert waren? Was hat diese Person „ausgestrahlt"?

Genauso haben Sie Menschen kennen gelernt, wo genau diese Persönlichkeit in Ihrer Wahrnehmung einen anderen „Eindruck" hinterlassen hat. „Schaumschläger" oder „Selbstdarsteller", so bezeichnet der Volksmund häufig diese Menschen.

Genau diese Selbstdarstellung ist ein wichtiger Schlüssel für Ihren Erfolg. Sobald Sie wissen, was Sie wollen, sollten Sie sich innerlich auf den Prozess der Selbstdarstellung programmieren. Dabei setzen Sie Ihren Kopf und Ihr Herz ein, agieren auf der Gefühls- und Denkebene. Entscheiden Sie auch für sich, wie Sie aussehen möchten, welches Bild Sie von sich vermitteln wollen und was Sie über nonverbale Verhaltenstechniken transportieren wollen.

Für die nächste Situation in der Sie sich gut darstellen wollen, sollten Sie sich folgende Fragen beantworten:

Für mein Ergebnis:	Was soll mir die Situation bringen?
Für die Teilnehmer:	Wen will ich beeindrucken?
Für meinen Kopf:	Wie müssen meine Planungen und Vorbereitungen aussehen; was brauche ich an Informationen dazu?
Für mein Selbstwertgefühl:	Was muss ich tun, um mein Selbstbewusstsein zu stärken?
Für meine Kleidung:	Welches Bild will ich vermitteln? Wie muss ich mich kleiden, um das zu erreichen?
Für meine Stimme:	Muss ich daran arbeiten, einen bestimmten Tonfall in meine Stimme zu legen?
Für meine Körpersprache:	Was möchte ich durch meine Haltung und meine Gesten ausdrücken?
Für meine Botschaft:	Was werde ich wie sagen? Ist mir klar, welche Botschaft ich senden will?

7.2 „Was ich sage" wird vielfach zum Beziehungskiller

In Gesprächsphasen, in denen wir uns angegriffen oder auch provoziert fühlen, ist es besonders wichtig zwischen der Inhaltsebene und der Gefühlsebene zu unterscheiden. Die Stimme und wie etwas gesagt wird, ist entscheidend für Wirkung und Ausstrahlung der eigenen Persönlichkeit. Als Verhandlungsprofis kennen wir beide Ebenen im Gespräch und müssen in der Lage sein, unsere Antworten so zu formulieren, dass unser Gesprächspartner weder bloß gestellt noch emotional negativ getroffen wird. Mit Äußerungen, die unseren Partner emotional positiv treffen, schaffen wir es, eine positive Atmosphäre im Gespräch zu halten oder herzustellen.

Allerdings machen sich viele Einkäufer und auch die Verkäufer keine Gedanken darüber, was und wie sie etwas sagen. Wie oft haben Sie z.B. die Verkäufer-Aussage *„ehrlich gesagt, ..."* in Ihren Gesprächen schon gehört. Mittlerweile ist diese sprachliche Floskel genauso wie das Wort *„Problem"* so tief in unserer Umgangssprache verwurzelt, dass wir uns keine Gedanken darüber machen, was eine solche Aussage bei dem Gegenüber auslösen kann. Die Macht der Worte kann zu einem negativen Ergebnis führen.

Vor kurzem hat sich einer unserer Trainer ein neues Fahrrad gekauft. Nachdem er sich nach ausgiebiger Beratung für sein Rad entschieden hat, sollten noch einige Änderungen vorgenommen werden.

Trainer: *„Können Sie mir ein sicheres Fahrradschloss montieren?"*

Verkäufer: *„Kein Problem, das machen wir direkt."*

Trainer: *„Dann hätte ich gerne noch einen Gelsattel mit Lüftung."*

Verkäufer: *„Kein Problem, da habe ich einige im Angebot."*

Trainer: *„Wie sieht es mit dem Ständer aus, empfehlen Sie hier einen anderen?"*

Verkäufer: *„Ehrlich gesagt! Nicht. Der ist stabil genug."*

Dieser Dialog zog sich noch einige Minuten hin. Wäre es nicht besser gewesen *„Das machen wir gerne."* anstatt *„Kein Problem, das ..."* zu sagen?

Hat der Verkäufer den Trainer belogen, weil er *„Ehrlich gesagt"* gesagt hat? Wäre es nicht besser gewesen, wenn der Verkäufer das Motiv nach einem anderen Ständer hinterfragt hätte? Stattdessen hat der Verkäufer das Motiv nach einem anderen Ständer mit „Stabilität" selbst interpretiert. Nebenbei gesagt, für den Trainer gab es ein anderes Motiv. Kann es bei dem Trainer hinterher zur sogenannten „Entscheidungsreue" kommen, wenn er feststellt, es wäre wohl besser gewesen, seinen favorisierten Ständer zu montieren? Viele Fragen ergeben sich an dieser Stelle. Diese Situationen begegnen einem tagtäglich. Sehr häufig auch in Verhandlungen.

Dazu zwei Beispiele:

Aussage   *„Das ist falsch. Da haben Sie mir nicht zugehört.“*

Eine klassische emotionale Reaktion könnte so lauten:

> *„Wollen Sie mir jetzt unterstellen, dass ich bei unserem Gespräch schlafe?“*

Aussage   *„Da irren Sie sich.“*

Eine weitere emotionale Reaktion könnte so lauten:

> *„Wollen Sie mir jetzt die Fachkompetenz absprechen?“*

Solche Verbalattacken kommen in vielen Gesprächen zum Ausdruck. Bei Einkäufern und bei Verkäufern. Das ausgesprochene Wort, die Aussage können Sie nicht mehr löschen. Worte treffen, mal in eine negative, mal in eine positive Aufnahme bei Ihrem Gesprächspartner. Jede Aussage erzeugt auch ein Bild in unserem Hirn. In unseren Trainings führen wir zur Verdeutlichung einen Test mit zwei Kunstworten durch. **„lamobundo“** und **„zepakeata“**. Die Aufgabe der Teilnehmer besteht darin etwas zu zeichnen, was ihnen zu diesem Wort einfällt. Im Ergebnis sind die Zeichnungen von **„zepakeata“** häufig eckig und spitz bei **„lamobundo“** häufig von runder und weicher Natur. Diese Bilder und Vorstellungen produziert unser Gehirn.

Beziehungs- und Kommunikationskiller sind pauschale und abwertende Äußerungen in einem Gespräch. Sie kritisieren unsere Gesprächspartner, wenn diese unseren Ausführungen nicht folgen. Ein häufig gehörtes Beispiel dafür ist die Aussage: *„Dafür bin ich nicht zuständig.“* Mit dieser Aussage zeigen wir uns dem Gesprächspartner als nicht kompetent und teilen ihm in vielen Fällen zudem mit, dass wir ihn nur abwimmeln wollen, dass wir keine Lust haben, sich jetzt mit der Thematik auseinanderzusetzen.

Besser ist folgende Aussage: *„Das ist ein Punkt, bei dem ich Ihnen momentan nicht weiterhelfen kann. Unser Herr Müller wird mit Ihnen noch heute Kontakt aufnehmen und Ihnen weiterhelfen.“*

Zwei Beispielaussagen, die wir in vielen Verhandlungen von Einkäufern hören:

Einkäufer: *„Ihr Vergleich ist nicht richtig."*

In dieser Aussage wird dem Gesprächspartner unterstellt, dass er nicht alle Fakten in der Sache berücksichtigt hat. Unabhängig davon, ob es stimmt oder nicht. Zudem teilen Sie ihm noch mit, dass er sich aus Ihrer Sicht nicht gut vorbereitet hat.

Eine weichere Formulierung ist an dieser Stelle sinnvoller, z.B. so: *„Auf welcher Basis haben Sie diesen Vergleich erstellt?"*

Einkäufer: *„Als Fachmann muss ich Ihnen sagen ..."*

Mit dieser Aussage teilen Sie dem Gesprächspartner sehr deutlich mit, dass die Kompetenz sicher nicht seine Stärke ist. Im gleichen Atemzug stellen Sie sich als Experte für das Thema dar. Auch hier ist eine mildere Formulierung sicher besser, vor allem dann, wenn Sie sich auf eine gleiche Ebene begeben wollen.

Dazu folgende Empfehlung einer Formulierung: *„Sie sind ebenso Fachmann wie ich. Wo sehen Sie denn die größten Unterschiede?"*

Jeder sieht die Dinge aus seiner Welt, mit seinen Augen und interpretiert sie auch so.

Die Herausforderung für uns besteht darin, uns von negativen Emotionen nicht reizen zu lassen, sondern verständnisvoll und erfolgsorientiert zu reagieren. Verbannen Sie solche Floskeln und Phrasen aus Ihrem Wortschatz.

In kritischen oder angespannten Gesprächssituationen werden solche Beziehungskiller besonders häufig verwendet.

7.3 Beispiele klassischer Beziehungskiller:

Nachstehen einige Aussagen die schnell zu einem Beziehungskiller mutieren können. In kritischen oder angespannten Gesprächssituationen werden solche „Beziehungskiller" besonders häufig verwendet.

Das glaube ich nicht...

      Besser: *Mir ist noch nicht ganz klar,.....*

Das geht so nicht...

      Besser: *Da werde ich eine Lösung finden.*

Sie müssen doch zugeben…

Besser: *Sie vertreten eine interessante Ansicht.*

Da irren Sie sich gewaltig…

Besser: *Da habe ich mich missverständlich aus-*
            gedrückt.

Ich erkläre Ihnen mal…

Besser: *Lassen Sie es mich mal so ausdrücken.*

Nun bleiben Sie mal auf dem Boden.

Besser: *Ihre Aufregung kann ich nachvollzie-*
            hen,….

Da haben wir ein Problem.

Besser: *Da haben wir eine Herausforderung.*

Bei meinen Erfahrungen…

Besser: *Da greife ich auf viele Erfahrungswerte*
            zurück.

7.4   „Wie ich etwas sage" bietet Raum für Interpretationen

Betonungen in Verbindung mit der richtigen Sprechgeschwindigkeit sind
wie ein gelber Textmarker in Ihrer Aussage. Mit **Be**tonungen geben Sie
einzelnen Worten eine besondere Bedeutung und einen besonderen
Sinn. Betonungen machen Ihre Aussage lebendig. Je nachdem, wie etwas betont wird, kann sich der Sinn verändern.

Wählen Sie auch eine angemessene Sprechgeschwindigkeit. Weder zu
schnell noch zu langsam ist hier gut. Viele Menschen haben die Ten-
denz, zu schnell zu reden. Die Folge ist, dass Ihre Gesprächspartner an
irgendeiner Stelle den Faden verlieren oder abschalteten.

Das nachfolgende Beispiel soll an den unterschiedlichen Betonungen
verdeutlichen, was für Sie im Rahmen des Gesagten besonders wichtig
ist und worauf Sie die Aufmerksamkeit des Gesprächspartners leiten
wollen.

Der Beispielsatz *„Ich habe gehört, dass er das Geld heute gestohlen*
hat." zeigt auf, worauf beim Gesagten Wert gelegt wird.

„Ich" habe gehört, dass er das Geld heute gestohlen hat.

> Sie drücken aus, dass Sie das wiedergeben, was SIE von der Situation wissen.

Ich habe „gehört", dass er das Geld heute gestohlen hat.

> Sie legen Wert darauf, dass Sie keine Fakten oder die Wahrheit erzählen, sondern nur das, was Ihnen zugetragen wurde.

Ich habe gehört, dass „er" das Geld heute gestohlen hat.

> Sie äußern Ihr Erstaunen oder Ihre Bestürzung darüber, wer das Geld gestohlen hat.

Ich habe gehört, dass er das „Geld" heute gestohlen hat.

> Hier ist Ihnen besonders wichtig, was gestohlen wurde.

Ich habe gehört, dass er das Geld „heute" gestohlen hat

> Die Priorität hierbei liegt auf dem Zeitpunkt.

Ich habe gehört, dass er das Geld heute „gestohlen" hat.

> Fassungslos und persönlich betroffen, betonen Sie den Diebstahl.

MERKE:

> Wer etwas wie, in welcher Umgebung, mit welcher Vorgeschichte und wann, zu wem sagt, erzeugt vielfältige Unterschiede in der Wahrnehmung!

8.　Kommunikationstool – Non-verbales-Verhalten

Ob Sie es glauben oder nicht, Ihre Körpersprache und der Klang Ihrer Stimme haben mehr Gewicht als Ihre Worte. Wenn die Worte nicht zu den nonverbalen Botschaften passen, werden Sie nicht glauben, was gesagt wird. Wenn Sie für einen positiven Gesprächsverlauf beitragen möchten, sind nicht nur ihr sprachliches Können und der Ausdruck entscheidend. In gleicher Weise wird Ihr nonverbales Verhalten auf das Sympathiefeld zwischen Ihnen und Ihren Gesprächspartnern wirken, Ihre Körpersprache. Die Körpersprache ist ein recht diffiziles Terrain, in dem es von Über- und Unterschätzungen nur so wimmelt. Uns scheint aber wichtig, dass Sie wissen, wie Ihr Verhalten möglicherweise interpretiert werden kann. Dazu vier wichtige Elemente.

8.1 Das Gesicht

Kennen Sie das? Sie stehen morgens um 4.00 Uhr auf, duschen und frühstücken. Um 5.00 Uhr fahren sie zum Flughafen, weil Ihr Flieger (hoffentlich) pünktlich um 7:30 Uhr Richtung München abhebt. In München angekommen, einmal quer durch die Terminals bis zur S-Bahn, Karte lösen und einsteigen. Um 9.30 Uhr sind Sie mit einem Lieferanten in seinem Büro verabredet. Der Tag ist komplett durchgeplant, von der Produktionsbesichtigung bis zum Abschlussgespräch um 16.00 Uhr. Um 17.30 Uhr müssen Sie sich verabschieden, weil Ihr Flieger um 19.45 Uhr Richtung Düsseldorf abhebt. Mit einer kleinen Verspätung landen Sie dann um 21.15 Uhr in Düsseldorf, holen Ihr Auto und fahren nach Hause. So gegen 22.00 Uhr sind Sie angekommen. Ihr(e) Lebensgefährte(in) öffnet Ihnen die Tür und sagt: *„Du siehst aber müde aus."*

Bei unseren Gesprächspartnern nehmen wir als erstes den Gesichtsausdruck wahr. Hierbei wirkt das Gesamtbild des Gesichtes, nicht nur ein Detail. Wenn Sie, wie in dem Beispiel vorher, von Ihrem Verhandlungspartner so empfangen werden, was wird er wohl vermuten. Klar, dass Sie abgespannt, gestresst oder müde sind. Genau so erkennen Sie auch ein aufgesetztes, nicht ehrliches Lächeln. Oder auch eine übertriebene Höflichkeit.

Mit Ihrem Minenspiel geben Sie Ihren inneren Zustand zu erkennen. Ob Sie grimmig oder fröhlich gestimmt sind, verspannt oder ausgeglichen. Zwanghaftes Lächeln sollten Sie vermeiden; Lächeln ist schön, wenn es aufrichtig ist. Gezwungenes Lächeln oder auch ein permanentes „Keepsmiling" kann störend und negativ interpretiert werden. Sollten Sie während einer Verhandlung eine unvorhergesehene Frage gestellt bekommen, die Sie nicht gerne beantworten möchten, ist der Wechsel vom Keepsmiling zum überraschten Ausdruck extrem und häufig nicht vermeidbar.

Jemand, der uns täuschen will, wird zuallererst seine Mimik nutzen. Der Widerspruch zur übrigen Körperhaltung lässt sich leicht identifizieren. Im Grunde merken wir immer, wenn sich jemand verstellt. Darunter leidet seine Glaubwürdigkeit. Für Sie als Einkäufer ein Warnsignal, das Sie beachten sollten.

8.2   Blickkontakt

Dem Blickkontakt kommt eine besonders wichtige Rolle zu: Nicht nur weil es zu den Grundregeln der Höflichkeit gehört, sich anzuschauen, wenn man miteinander spricht. Der erste Blick entscheidet auch über Sympathie und Antipathie.

Schauen Sie Ihrem Verhandlungspartner in die Augen, wenn Sie miteinander verhandeln. Hält er Ihrem Blick stand? Ist sein Blick fordernd oder bohrend? Wie auch immer der Blick auf Sie wirkt, Sie werden einen ersten Eindruck von Ihrem Verhandlungspartner bekommen. Unser Vertrauen schwindet, wenn uns unser Gesprächspartner nicht in die Augen schauen kann. Ein offener und freundlicher Blickkontakt wirkt überzeugender und selbstsicherer, Blicke aus dem Fenster oder am Gesprächspartner vorbei werden bestenfalls als Unsicherheit, wenn nicht gar als arrogant und abweisend gewertet. So sind auch intensive Blickkontakte sehr hilfreich, wenn Sie eine Forderung aufstellen. Intensive Blickkontakte verleihen Ihren Forderungen Nachdruck. Dadurch wirken Sie auch bestimmender. Hier noch eine besondere Empfehlung. In den Fällen bei denen Sie mehreren Verhandlungspartnern gegenübersitzen, sollten Sie Ihren Blick „schweifen lassen". Auch hierzu eine kleine Anekdote. Nachdem wir die Zusage auf einen neuen Auftrag bei einem größeren Unternehmen bekommen haben, fragten wir unseren Ansprechpartner und die beiden anderen Gesprächsteilnehmer, wie sie dieses Gespräch persönlich empfunden haben. Diese Frage stellen wir übrigens immer. Unser Entscheider war der Human Resources Director. Die anderen Gesprächspartner waren Teamleiter. Seine Antwort war knapp und präzise:

„Was ich gut fand, war, dass Sie nicht nur mich angeschaut haben, sondern auch immer wieder meine Teamleiter. Mit diesen Blickkontakten haben Sie alle Beteiligten ins Gespräch einbezogen. Das habe ich häufig anders erlebt. Bei einem meiner letzten Gespräche bin nur ich angeschaut worden. Meine Teamleiter kamen sich überflüssig vor, wie sie mir das im Nachhinein mitteilten."

Unsere Empfehlung ist hier eindeutig. Schauen Sie nicht nur den Entscheidungsträger an, nehmen Sie immer wieder den Blickkontakt mit allen Beteiligten auf, auch von den Mitgliedern Ihres eigenen Teams. Schauen Sie Ihrem Gesprächspartner in die Augen und nicht auf seine Nase, Stirn oder auf eine andere Stelle.

8.3 Gesten

Erinnern Sie sich noch an Louis de Funès?

Louis de Funès war in den 60er Jahren einer der erfolgreichsten Komiker in Europa.

In der Hauptrolle des Geschäftsmannes Barnier, der mit manischer Energie seine Familie tyrannisiert, perfektionierte er den Typus des grimassierenden Cholerikers. Louis De Funès präsentierte ein aberwitzig überdrehtes Minenspiel und schöpfte aus einem großen Repertoire grotesker Gesten. Wir wollen jetzt nicht sagen, dass dieses Minenspiel und seine Gesten in Verhandlungen umgesetzt werden sollen. Es ist aber ein gutes Beispiel dafür, wie Körpersprache, Gesten und auch Mimik Einfluss auf einen Partner nehmen kann. Auf unsere Verhandlungssituationen umgesetzt, kennen wir ähnliche Gesten von unseren Gesprächspartnern. Was hat es beispielsweise zu bedeuten, wenn der Vorgesetzte permanent drohende Bewegungen mit einem Kugelschreiber in der Hand andeutet? Was hat es zu bedeuten, wenn Ihr Verhandlungspartner regelmäßig seinen eigenen Kugelschreiber durch Raus- und Reindrücken der Mine traktiert? Was hat es zu bedeuten, wenn Ihnen ein Verkäufer einen Kugelschreiber zum Unterschreiben hinhält und Sie merken, dass seine Hand zittert? Was steckt hinter diesen Bewegungen? Hier wird das gesprochene Wort durch bewusste oder auch unbewusste Bewegungen der Arme und Hände unterstützt.

Mit Gestik sind alle Gebärden der Arme und Hände, aber auch viele Handlungen (z.B. das Spielen mit einem Kugelschreiber) gemeint. Eine Botschaft, die mit geeigneten Gesten unterstützt wird, erhält ein viel stärkeres Gewicht in der Aussage. Ihre Gesten unterstützen somit Ihre Worte, indem sie verstärken, was gesagt wird. Ein Beispiel: Die Hand in Augenhöhe zu heben, wenn Sie sagen: *„Unsere Forderung scheint hoch zu sein..."*, und sie dann auf die Brust abzusenken und zu legen und zu sagen *„...aber sie ist niedrig im Vergleich zum Wert der langfristigen Zusammenarbeit den Sie dafür von uns erhalten."* Gesten haben schon etwas von Verhandlungstheater. Gezielt, kontrolliert und authentisch eingesetzt, ist lebendige Gestik immer als Gewinn zu betrachten. Beachten Sie dabei, dass Gestik sich immer im oberen Körperbereich abspielt, niemals unterhalb der Gürtellinie.

8.4 Stimme

Ihre Stimme verrät Ihren Gefühlszustand. Die Tonlage der Stimme lässt Ihren Gesprächspartner erkennen, ob Sie sicher oder unsicher sind. Man hört, ob Sie zu dem stehen, was Sie sagen. Man hört Zweifel, Langeweile oder Ablehnung heraus. Ihre Stimme und die Sprechtechnik sind auch gleichzeitig Gradmesser Ihrer eigenen Authentizität. Mit Ihrer Stimme und Sprechtechnik können Sie Wertschätzung, Vertrauen, Neugierde, Wärme und Sympathie vermitteln. Menschen mit wohlklingender Stimme hört man lieber zu, als Menschen mit einer (persönlich gefühlten) unangenehmen Stimme.

Wir sind überzeugt, dass Sie schon Menschen kennengelernt haben, deren Stimme und Sprechtechnik Sie als unangenehm empfanden. Kennen Sie auch diese überfreundlichen Verkäuferinnen in Lebensmittelläden oder auch beim Bäcker? Sie stehen bei Ihrem Bäcker in der Schlange und warten darauf, dass Sie bedient werden. *„Was darf es für Sie sein?"* Diese Frage reißt Sie aus dem soeben gelebten Tagtraum. Sie konzentrieren sich in Sekundenschnelle und lassen Ihre Bestellung los. *„Zehn Kernbeißer, bitte"*, hören Sie sich sagen. Im gleichen Augenblick schweift Ihr Blick über die Auslagen und Sie überlegen, was Sie sonst noch mitnehmen können. Wenn Sie jetzt glauben, dass der Verkäuferin Ihr suchender Blick durch die Auslagen entgangen ist, haben Sie sich getäuscht.

Prompt kommt die nächste Frage, allerdings in einer viel höheren Tonlage als bei der ersten Frage: *„Darf es sonst noch was sein?"* Erschreckt über die hohe Tonlage sagen Sie, dass Sie auch noch ein Brot wünschen. Das kann man bekanntermaßen geschnitten oder ungeschnitten bekommen. *„Soll ich es für Sie schneiden oder am Stück einpacken?"* Und nun schmerzen die Ohren. Die Tonlage wieder eine Oktave höher, nahe am Nichtverstehen, eher schrill und vor allen Dingen schmerzhaft in den Ohren. Jetzt schnell bezahlen und die Flucht antreten. Das ist sicher eine Ausnahme und nicht die Regel. Es verdeutlicht allerdings, wie wichtig Stimme und Sprechtechnik sein kann.

Wir beurteilen Menschen auch danach, ob sie schnell oder langsam sprechen. Wenn jemand langsam spricht, haben wir das Gefühl unterbrechen zu müssen. Langsames Sprechen wird auch auf langsame Entscheidungsfindung projiziert. Jemand der zu schnell spricht, wird als Quasselstrippe eingeordnet, dem man schwer folgen kann.

Eine leise monotone Stimme und Sprechweise wird Ihrem Gesprächspartner kein gutes Gefühl vermitteln. Ein lautes Organ wird Ihren Gesprächspartner eher in die Defensive drängen. Letzteres gilt auch für unregelmäßige Schwankungen der Lautstärke. Glücklicherweise klingt fast jede Stimme gut, wenn sie mit der passenden und richtigen Sprechtechnik eingesetzt wird.

Das gilt auch für Dialekte. Ein Dialekt macht sympathisch. Achten Sie nur darauf, dass Ihr Gegenüber Sie versteht. Sollten Sie den Eindruck haben, dass er Sie nicht richtig versteht, dass Sie Gesagtes wiederholen müssen, dann wechseln Sie ins Hochdeutsche.

9. Kommunikationstool – Sympathieregel als Gewinnfaktor

Finden Sie jemanden direkt sympathisch, ist die Bereitschaft um ein Vielfaches höher sich von diesem Menschen überzeugen zu lassen. In seinem Buch „Die Psychologie der Überzeugung" definiert der Autor Robert Caldini diese Sympathieregel auch als Beeinflussungsprinzip. Sie haben es alle schon erlebt, wenn Sie von einem Verkäufer besucht worden. Häufig wird diese Sympathieregel in Form von Small Talk eingesetzt. Bei jedem Besuch, bei jeder Eröffnungsphase einer Verhandlung wird zunächst nach Gemeinsamkeiten und möglichen Anknüpfungspunkten gesucht. *„Ich komme immer wieder gerne zu Ihnen nach Berlin. Diese Stadt fasziniert mich einfach. Für mich eine der schönsten Städte Deutschlands."* Oder, wenn Sie einen gemeinsamen Bekannten haben, von dem Sie dann *„besonders herzliche"* Grüße ausrichten.

Im letzten Jahr wurde einer unserer Trainer zu einem Gespräch zu einem unserer Kunden eingeladen. Nach der Anmeldung an der Zentrale wurde er von seiner Gesprächspartnerin abgeholt. Beim Betreten des Büros wurde er von der roten Ausstattung förmlich erschlagen. An jeder Wand gab es einen direkten Hinweis auf eine rote Automarke aus dem Formel 1 Zirkus. Neben den Fahnen und Postern fanden sich auch noch einige andere Details, wie z.B. ein Modelauto auf dem Schreibtisch seiner Gesprächspartnerin. Sie können sich vorstellen, dass es für unseren Trainer jede Menge Anknüpfungspunkte für eine Gesprächseröffnung gab. Diese Gemeinsamkeiten und das daraufhin geführte Gespräch waren die Basis für unsere heutige Zusammenarbeit. Von dem vorher vereinbarten 60minütigen Zeitfenster wurden ca. 45 Minuten für die Gemeinsamkeiten genutzt, die restlichen 15 Minuten für das Sachthema. Es ist damit nicht gesagt, dass genau diese beschriebene Konstellation allgemein gültig ist. Fakt ist jedoch, dass die Sympathieregel hier als ein möglicher Grund für weitere Gespräche und letztendlich für die Auftragserteilung mit ausschlaggebend war. Gemeinsamkeiten, Anerkennung und auch ehrliches Lob fördern in der Regel die Sympathie und damit haben Sie die Chance ihre Verhandlungspartner zu überzeugen. Nun ist es interessant zu erfahren welche Faktoren Sympathie und Zuneigung hervorrufen. Robert Caldini nennt in seinem Buch „Die Psychologie des Überzeugens" vier wesentliche Aspekte.

9.1   Aspekt der äußeren Attraktivität

Gut gekleidete Menschen wirken im ersten Aufeinandertreffen sympathisch. Dieser erste positive Eindruck wird sehr häufig auf andere Persönlichkeitsmerkmale übertragen. Gut aussehenden Menschen werden automatisch positive Eigenschaften wie Freundlichkeit, Intelligenz, Ehrlichkeit und auch Kompetenz zugeordnet. Zur äußeren Attraktivität gehört sicher auch ein professionelles Erscheinungsbild. Die Art Ihrer Kleidung beeinflusst, wie Sie von anderen wahrgenommen werden. Kleiden Sie sich je nach geschäftlichem Anlass und Lieferanten. Wählen Sie Ihre Kleidung entsprechend dem Kleidungsniveau Ihrer Lieferanten oder etwas darüber. Achten Sie auch darauf, dass ihre Kleidung sauber, gebügelt und in gutem Zustand ist. Achten Sie vor allem auf Ihre Schuhe, dass sie geputzt sind und keine abgenutzten Absätze haben (sieht man sehr häufig bei Einkäufern). Die Schuhe sollten zur Kleidung passen, vor allem dann, wenn Sie einen Anzug tragen. Wir treffen immer wieder Menschen, die einen Anzug tragen und sich für „Freizeitschuhe" in jeglicher Form entscheiden. Eine tolle Wirkung.

9.2   Aspekt der Komplimente

Wer fühlt sich nicht wohl, wenn ihm geschmeichelt wird. Wir finden es doch alle toll, wenn unsere Gesprächspartner uns dezent mit Komplimenten „überhäufen". Auch wenn wir hier und da das Gefühl haben, dass da jemand übertreibt. Dennoch neigen wir dazu, unbewusst dem Lob, dem Kompliment zu glauben und denjenigen auch zu mögen, der es sagt. Diese Botschaft, dass uns jemand sympathisch findet, kann ein wirksames Mittel und auch die Grundlage für eine spätere Bereitschaft zu einem positiven Ergebnis sein.

9.3 Aspekt der Gemeinsamkeit

Neben der Attraktivität und der Komplimente gehört der Aspekt der Gemeinsamkeiten zu einer der wichtigsten Sympathieträger. Sobald wir bei anderen Menschen feststellen, dass Gemeinsamkeiten da sind, mögen wir diesen Menschen. Diese Ähnlichkeiten können sich auf den Charakter, die Herkunft, das „gleiche Ticken" oder auf den Lebensstil beziehen. Auch hier eine kleine Geschichte, die Sie sicher auch schon in ähnlicher Weise, in einem türkischen Basar oder woanders, erlebt haben. Auf einer Safari in der Massai Mara in Kenia ist man weit weg von der Zivilisation. Man lebt in Camps mit den Rangern und den Massai. Auf einer Tour wurde an einer sehr schönen Stelle am Mara Fluss eine Rast eingelegt. Die Überraschung ist groß, wenn sie mitten in der Wildnis ein provisorisches Zeltdach mit Sitzgelegenheiten finden. In diesen Nationalparks benötigen sie kein Bargeld. Denn für alles was sie verzehren unterschreiben sie einen Beleg. Die Abrechnung der Ausgaben erfolgt später im Hotel. Nachdem wir einen Platz gefunden haben, kam auch direkt ein Ranger auf uns zu. Er fragte uns nach der Zimmernummer, natürlich in englischer Sprache. Nachdem wir unsere Nummer genannt haben, hörten wir, wie der Ranger zu unserem Erstaunen die Wiederholung unserer Zimmernummer im besten und ursprünglichen bayerisch von sich gab. Nach dem ersten Lachen, wer rechnet schon damit, dass man mitten im Busch einen bayerischen Kenianer trifft, konnten wir uns auch im bayerischen Dialekt mit ihm unterhalten. Hier kam eine Gemeinsamkeit auf, die wir alle nicht erwartet haben. Dieser Mensch war uns sofort sympathisch. Umgekehrt genauso. Das konnten wir daran festmachen, dass wir gegenüber den anderen Mitreisenden von ihm bevorzugt bedient wurden. Wir haben viel von ihm erfahren, wo er in Deutschland lebte, weshalb er dort lebte, was er dort gemacht hat.

Ähnlichkeiten und Gemeinsamkeiten verbinden und sind auch eine Basis für zukünftige Erfolge.

Worksheet 1: Gemeinsamkeiten mit Verhandlungspartnern

WORKSHEET

Notieren Sie fünf Themen von denen Sie vermuten das Gemeinsamkeiten mit Ihrem zukünftigen Verhandlungspartner bestehen könnten und nutzen Sie diese für die spätere Verhandlung. Sollten Sie schon Gemeinsamkeiten kennen, notieren Sie auch diese.

(1) ....

....

(2) ....

....

(3) ....

....

(4) ....

....

(5) ....

....

9.4 Aspekt des Positiven

Wer überbringt schon gerne schlechte Nachrichten. Wir fühlen uns doch alle wohler, wenn wir positive Nachrichten vermitteln können. Damit unterscheiden wir uns nicht von anderen Menschen. Auch hier ein Beispiel aus unseren Trainings. Im Januar 2010 bekamen wir von einem Teilnehmer aus einem unserer Verhandlungstrainings eine Mail mit folgendem Wortlaut:

„Ende letzten Jahres hatte ich meine ersten Verhandlungen. Ich konnte den Lieferanten überzeugen von 500 auf 400 T€ zu gehen. Es gibt also schon erste Ergebnisse."

Abgesehen davon, dass dies für einen sehr jungen Einkäufer ein absolut hervorragendes Ergebnis ist, war es auch für uns im ersten Moment überraschend. Wir haben den Einkäufer nach seinem Vorgehen befragt.

Er gab uns eine simple Antwort. Vorab sollten wir erwähnen, dass wir in jedem unserer Trainings Ankerkarten an die Teilnehmer verteilen. Eine unserer Karten ist die **„100% Erfolg"** Karte. Neben einigen Erfolgsaussagen findet sich auf der Vorderseite folgende Aussage:

Die einzigen Begrenzungen sind die Grenzen deiner Gedanken,

denn dein Denken bestimmt dein Handeln!

Seine Antwort: *„Seitdem ich die Karte besitze, habe ich Sie immer dabei. Ich nehme diese Karte mit in die Verhandlung, ansonsten liegt sie neben dem Telefon. Sie erinnert mich immer daran, dass man andere Wege gehen kann und dadurch auch zu anderen Ergebnissen kommt. Und die sind meist positiver."*

Auch die anderen Einkäufer aus diesem Unternehmen nehmen positive Ergebnisse aus diesem Training mit, mittlerweile auch mit deutlich besseren Einkaufserfolgen.

Diese Ankerkarte wird auch zukünftig an positive Erlebnisse erinnern.

9.5 Plus-Punkte sammeln

Oft fühlen wir uns durch andere Menschen extrem provoziert. Da reicht schon das Auftreten oder das äußerliche Erscheinungsbild. Die eigene Wahrnehmung reicht schon aus, um ihn abzulehnen oder im schlimmsten Fall, dass wir ihm gegenüber aggressiv werden.

Denken wir nur an den Wirkungsspiegel. Die Wahrnehmung entscheidet über Ablehnung oder Akzeptanz:

> ➢ Komme ich mit ihm klar oder nicht?

> ➢ Ist er seriös?

> ➢ Hat er das, was ich erwarte?

> ➢ Ist er kompetent?

Von Goethe stammt folgende Aussage:

„Behandle die Menschen wie sie sind, und sie werden schlechter.

Behandle sie, wie sie sein könnten und sie werden besser."

Auch diese Erkenntnis kann uns in der Praxis helfen. Unser Gesprächspartner spürt sofort, wie wir ihn sehen, was wir von ihm denken. Es gilt genauso umgekehrt. Wenn wir unserem Gesprächspartner eine negative Eigenschaft zuordnen, prägt das unsere Einstellung zu ihm. Unsere Einstellung („*der Schwätzer redet sowieso immer das gleiche*") hat enormen Einfluss auf unser Verhalten in der Verhandlung und damit auch Einfluss auf unseren Erfolg.

MERKE:

> Eine positive Einstellung einem schwierigen Gesprächspartner gegenüber erhöht die Wahrscheinlichkeit, dass der richtige Ton getroffen wird, die richtige Strategie gewählt wird und am Ende eigene Forderungen durchsetzbar sind!

Wenn Sie häufiger mit dem gleichen Gesprächspartner Schwierigkeiten haben, so kann dies auch an Ihnen liegen!

Folgende Methode hilft in solchen Fällen weiter:

Negatives Denken geht in der Regel von einer bestimmten Situation aus, die sich offensichtlich im ersten Augenblick nicht ändern lässt.

Machen Sie sich Gedanken darüber, was Sie an Ihrem Gesprächspartner gut finden oder gut finden könnten. Versuchen Sie positiv über den anderen zu denken. Alles lässt sich von mindestens zwei Seiten betrachten! Auch auf den ersten Blick lassen sich negative Eigenschaften positiv formulieren!

10. Kommunikationstool – Autorität – Wer sie nicht erkennt, verliert

Wir haben schon im Kindesalter gelernt, uns Autoritäten unterzuordnen. In der Kindheit, in der Schule oder auch in der Ausbildung wurden wir den prägenden Einflüssen von Autorität ausgesetzt. Als Kinder haben wir uns dem gerne untergeordnet, denn der Erwachsene weiß besser, was gut, richtig oder falsch ist. Als Erwachsene übertragen wir dieses Verhalten gerne auf hierarchisch übergeordnete Personen, z.B. den Vorgesetzten. Wir gehen davon aus, dass der Vorgesetzte über mehr Wissen, Erfahrung und auch Macht verfügt. Dem ordnen wir uns sehr schnell unter. Sobald ein Gesprächspartner z.B. einen Doktortitel trägt, erleben wir sehr häufig, bei Teilnehmern unserer Trainings oder auch bei Gesprächspartner unserer Kunden, eine geringe Veränderung des Verhaltens. Eine gewisse Ehrfurcht ist schon zu spüren. Die Wurzeln dafür liegen sicher in einer freiwilligen Bewunderung, in der Anerkennung und Respekt. Das birgt auch eine sehr große Gefahr. In einem Arbeitsverhältnis kann sich auch ein Hörigkeitsgefühl entwickeln. Hörigkeit ist nichts anderes als eine zeitweilige, vielleicht auch andauernde Unterwerfung des eigenen Willens unter den Willen einer anderen Person. Eigene kreative Ansätze, eigene Ideen, unterliegen somit einer schleichenden Selbstzerstörung des eigenen Selbstbewusstseins. Betrachten Sie Autorität zukünftig als Beziehungsqualität. In Verhandlungen ist es wichtig, relativ schnell zu erkennen, wer die Autorität besitzt. Auch hier ein Erlebnis aus den frühen Jahren eines Verkäufers, heute einer unserer Trainer. Stellen Sie sich vor, Sie haben einen Termin mit einem Ihrer Interessenten. Sie haben diesen Interessenten zu einer Demonstration einer neuen IT-Anlage eingeladen. Sie holen die Besucher an der Zentrale ab. Sie begrüßen Ihren Ansprechpartner und zwei weitere Mitarbeiter, die sich selbst vorstellen. Im Laufe der Präsentation bemerken Sie, dass einer Ihrer Besucher sich entspannt zurückgelehnt hat und diesem ab und zu die Augen zufallen. Ok, dafür wird es Gründe geben, denken Sie, und konzentrieren sich nur auf die wachen Personen. Die Präsentation ist gelaufen, und Ihre Interessenten sind von Ihnen mit einer Vereinbarung über das weitere Vorgehen verabschiedet worden. Vereinbarungsgemäß rufen Sie an dem vereinbarten Termin an und müssen sich mit einer Absage zufriedengeben. Was war da jetzt schief gelaufen? Das ist doch die erste Frage, die Sie sich selbst stellen. Die Präsentation war gut, Sie haben Zustimmung von den wachen Personen erhalten. Also was ist da schief gelaufen? Hier treffen wir auf das Phänomen der grauen Eminenz. Graue Eminenzen sind vielfach Experten, die aus dem Hintergrund die Fäden ziehen, Empfehlungen aussprechen und in sehr vielen Fällen auch Entscheidungen treffen. Sie besitzen Autorität. Sie treffen Entscheidungen. Und genau diese Personen spielen in Verhandlungen eine sehr wichtige Rolle. Für Einkäufer ist es extrem wichtig zu wissen und erkennen, wer die Autorität besitzt, wer letztendlich auch Entscheidungen trifft.

Wir erleben immer wieder, dass Einkäufer häufig mit der oder ähnlichen Aussage konfrontiert werden. *„An dieser Stelle muss ich unterbrechen, da reichen meine Kompetenzen nicht aus. Ich muss darüber mit meinem Vorgesetzten reden."* Grundsätzlich könnte man von einem normalen Verhandlungsablauf reden. Die Frage, die sich jetzt stellt, ist die nach der Effektivität dieser Verhandlungsrunde. Wir sind doch davon ausgegangen, dass der Verhandlungspartner die Kompetenz besitzt, auch eine Entscheidung zu treffen. Es ist richtig, dass man hier auch auf eine Taktik des Verhandlungspartners schließen kann. Verhandeln ohne Autorität kann eine sehr erfolgreiche Taktik sein. Der Grund ist jedoch ein anderer. Es wurde keine vernünftige Vorbereitung durchgeführt. Das führt dann zu dem Ergebnis, dass aus einer gedachten Verhandlungsrunde, gleich zwei oder drei Verhandlungsrunden werden. Das kostet Zeit und ist nicht effektiv, unabhängig davon, ob Sie vielleicht vier Runden benötigen, um zu Ihrem Ziel zu kommen. Fakt ist, dass Sie nicht mit dem Entscheider an einem Tisch sitzen. Eine wesentliche Aufgabe wird es sein, im Vorfeld abzuklären, wie viel Autorität oder Entscheidungsgewalt Ihr Gesprächspartner hat.

Worksheet 2:   Erkennen Sie Autoritätssymbole

WORKSHEET

Woran erkennen Sie „Autoritäten"? Wie sind
Sie bisher damit umgegangen? Schreiben Sie
die Ihnen bekannten Autoritätssymbole auf.

....

....

....

....

....

....

....

....

....

......

11. Kommunikationstool – Eine persönliche Tagesbilanz

Wann haben Sie sich persönlich das letzte Mal bilanziert? Wie ist diese Bilanz ausgegangen? War sie negativ oder positiv? Viele Menschen besitzen und pflegen die Eigenschaft sich nur auf ihre Fehler, auf ihre Schwächen oder auf ihre negativen Seiten zu konzentrieren. Und das Tag für Tag. Wen wundert es da, wenn daran letztlich überwiegend negative Resultate erwachsen.

Was wird wohl eintreten, wenn wir uns beispielsweise am Ende eines jeden Tages mehr auf die positiven Aspekte konzentrieren und diese noch einmal in unser Bewusstsein holen, z.B. durch die folgenden Fragen- / Gedankenauslöser:

Beantworten Sie diese Fragen aus dieser Checkliste zur persönlichen Tagesbilanz schriftlich, das **be-**eindruckt!

„Wer schreibt, der bleibt", heißt es.

Worksheet 3:   Persönliche Tagesbilanz

WORKSHEET

„Wer schreibt, der bleibt", heißt es.

Beantworten Sie diese Fragen schriftlich.

Was fand ich gut an meinem Partner, meinem Vorgesetzten, Kollegen und Mitarbeiter?

....

Welche (kleineren) Erfolge habe ich zu verzeichnen?

....

Welches Lob und welche Komplimente habe ich bekommen?

....

Was ist mir heute besonders gut gelungen?

....

Worüber habe ich mich gefreut?

....

Welche Freude habe ich mir, welche anderen bereitet?

....

Was war das Wichtigste, was ich erledigt habe?

....

Was zeichnet mich als guten Einkäufer aus?

....

Was war sonst noch bemerkenswert?

....

12. Kommunikationstool – Die Macht des Fragens

Ein gutes Einkaufsgespräch kommt nicht ohne Fragen aus, denn Fragen sind eines der wichtigsten Kommunikationsmittel überhaupt, sowohl auf der Sach- als auch auf der Beziehungsebene. Nur mit der Hilfe von Fragen verschaffen wir uns Informationen über den Gegenstand des Gesprächs, den Gesprächspartner und andere für uns wesentliche Aspekte der Situation. Zusätzlich nähern wir uns unserem Gesprächspartner auf der Beziehungsebene an, weil Fragen auch unsere Wertschätzung ausdrücken. Mit Fragen vermitteln wir Interesse an Meinungen, Sichtweisen und Kenntnisständen unserer Gesprächspartner. Durch Fragen zeigen wir unseren Gesprächspartnern, dass wir auch seine Ansichten berücksichtigen und ihn ernst nehmen. Das ist eine der wesentlichsten Erkenntnisse für erfolgreiches, partnerschaftliches Kommunizieren.

Fragen sind im Verhandlungsgespräch das wichtigste Stilmittel. Fragen sind notwendig, um wichtige Informationen zu erhalten. Fragen sind notwendig, um die Motive unseres Gesprächspartners zu ergründen. Die Antworten, auf die von uns gestellten Fragen, bieten letztendlich den Stoff, den wir für unsere Argumentation brauchen.

Die bewusste Anwendung von Fragetechniken verschafft Ihnen die Möglichkeit, Ihr Gespräch federführend und zielorientiert zu gestalten. Sie werden sich immer in der stärkeren Position befinden, wenn Sie die Fragen stellen. Sie allein können den Gesprächsverlauf mit Ihren Fragen in eine bestimmte Richtung lenken. Mit Fragen behalten Sie die Kontrolle über den Gesprächsverlauf. Sie erhalten die Informationen bis ins Detail, die Sie bekommen wollen. Sie agieren, Ihr Gesprächspartner kann nur reagieren. Diesen rhetorischen Vorteil müssen Sie für Ihre Zielerreichung nutzen.

Zielorientierte Fragen eröffnen Ihnen die Möglichkeit, von Ihren Gesprächspartnern genau die wichtigen Informationen zu erhalten, die für Ihren erfolgreichen Einkauf notwendig sind. Sie lernen so die Meinung Ihres Gesprächspartners kennen, seine Interessen und seine Argumente. Durch richtiges Fragen wird er Ihnen auch Gründe für seine möglichen Widerstände mitteilen. Da nur das richtige Fragen zum Ziel führt, ist das Beherrschen der verschiedenen Fragetechniken eine unabdingbare Voraussetzung für Ihren Erfolg. Nicht nur das Beherrschen dieser Technik ist wichtig. Auch das Timing, wann und zu welchem Zeitpunkt, welche Frage gestellt wird, ist genauso wichtig.

Welche Fragearten helfen Ihnen konkret in Verhandlungssituationen weiter? Wodurch zeichnen sich gute Fragen aus? In der klassischen Verkaufsliteratur finden Sie ausführliche Abhandlungen über die verschiedenen Fragetypen. Sie finden beispielsweise Typen wie Auswahlfragen, öffnende Fragen, Sondierungsfragen, Intentionsfragen, Problemfragen, Verfahrensfragen, Präzisierungsfragen, Blockadenbrecherfragen, Einstellungsfragen, Verständnisfragen, Spiegelungs- oder Rückkopplungsfragen, Suggestivfragen, dirigierende Fragen, Motivationsfragen oder Gegenfragen.

Letztendlich haben alle informationsversprechenden „Fragetypen" eines gemeinsam. Es sind offene Fragestellungen. Und nur dieser Typ von Fragestellung bringt Sie in Verhandlungen weiter. Sie erhalten die wichtigen Informationen, die Sie für Ihre Verhandlungsziele benötigen. Durch den Einsatz richtiger und gezielter Fragen, zum richtigen Zeitpunkt, zeigen wir unserem Gesprächspartner auch, dass wir Interesse an ihm, seiner Meinung und seiner Situation haben, dass wir ihn einbeziehen und wir den Dialog suchen, dass wir ihn ernst nehmen und das er für uns wichtig ist. Durch geschicktes und richtiges Fragen erhalten wir wertvolle Informationen für unser Gespräch und kommen an die wirklichen Motive und Wünsche unseres Gesprächspartners heran. Durch die richtige Fragestellung steuern wir das Gespräch in die von uns gewünschte Richtung und führen unseren Partner zu unserem Ziel. Wir vermeiden Langeweile durch Monologe oder durch unwichtige Informationen. Wir schaffen somit die Grundlage für ein Gefühl der Gemeinsamkeit bei unserem Gesprächspartner.

In unseren Trainings führen wir häufig ein Kommunikationsspiel durch. Spielen Sie folgendes Spiel einmal mit einem Arbeitskollegen.

Inhalt dieses Spiels ist eine Diskussion zwischen zwei Teilnehmern.

Die Teilnehmer erhalten ein Diskussionsthema. Unser Thema lautet:

„Wer sind die besseren Einkäufer – Frauen oder Männer?"

Folgende Wörter dürfen die Teilnehmer im Rahme der Diskussion nicht benutzen:

ich – meine – mich – mir

Sie werden sofort feststellen, wie schwierig es ist,

- ➢ ohne Übung diese Worte **ich – meine – mich – mir** nicht zu benutzen

- ➢ dass eine Diskussion in diesem Kontext ohne Fragestellungen schwer oder gar nicht in Gang kommt

Ausnahmslos allen Teilnehmern fehlen die richtigen Worte und die Fragestellungen, die eine Diskussion in Gang bringen und erst möglich machen.

Es wird mit Meinungsäußerungen und Behauptungen begonnen, die sich vielfach so anhören:

„Ich bin der Meinung, dass…"

Und schon verloren, weil das Wort „Ich" in diesem Spiel nicht zulässig ist. Nach einigen Sekunden des Überlegens geht es mit einer Fragestellung weiter, wie z.B.

„Wie sehen Sie…" oder *„Was denken Sie…"*

Wer fragt, statt zu reden, ist im Vorteil. Im Gegensatz zu Monologen bringen Fragen ein Gespräch in Gang.

Ein Tipp an dieser Stelle:

Stellen Sie Ihre Fragen kurz und präzise. Nichts ist schlimmer als eine Frage, an deren Ende Ihr Gegenüber nicht mehr weiß, wo der Anfang war. Wie soll er eine solche Frage beantworten? Und achten Sie auch darauf, dass Sie Ihre gestellten Fragen nicht im nächsten Satz gleich selbst beantworten. Bei Einkäufern wie auch bei Verkäufern lässt sich dieses Vorgehen manchmal beobachten:

„Herr Verkäufer, was können Sie jetzt genau tun, damit wir unsere Forderung erfüllt bekommen?"

Und noch bevor der Verkäufer überhaupt die Möglichkeit hat diese Frage zu beantworten, fährt der Einkäufer fort:

„Also, ich würde es so oder so machen…"

„Also ich gehe davon aus, dass Sie die oder die Möglichkeit nutzen sollten…"

Es gibt keinen Grund, sich während eines Verhandlungsgespräches eine eigene Antwort, auf eine von Ihnen gestellte Frage zu geben. Die Antwort soll Ihnen Ihr Gesprächspartner geben. Es gibt auch keinen Grund, dem Verkäufer nach einer Fragestellung Möglichkeiten einer Antwort in den Mund zu legen. So nehmen Sie dem Verkäufer gleich die Chance über eigene mögliche Angebote nachzudenken.

Schweigen Sie nach Ihrer Frage, vielleicht hat der Verkäufer ein besseres Angebot, als die Vorschläge, die Sie gerade unterbreitet haben.

Hüten Sie sich vor der Frageschlange. Einkäufer und Verkäufer verfallen in einigen Situationen in eine Fragewut. Sie stellen mehrere Fragen hintereinander. Das ist auch ein Phänomen, das Sie wöchentlich im Fernsehen verfolgen können. Achten Sie einmal bewusst auf geführte Interviews, z.B. aus der Politik oder aus dem Sport. Nach jedem Fußballspiel werden Spieler direkt von Reportern angesprochen.

„Was war der Grund, dass dieses Spiel noch verloren wurde. Was sagen Sie zu dem Schiedsrichter? Wie fühlten Sie sich nach dem Ausgleich in der ersten Halbzeit?"

Welche Antwort wird an dieser Stelle erwartet? Der Befragte kann sich in der Regel nicht alle Fragen merken und wird auf maximal eine Frage antworten. Meistens auf die zuletzt gestellte. Diese Frage ist noch im Ohr des Befragten. Die anderen Fragen bleiben unbeantwortet. Unser Tipp an dieser Stelle. Nutzen Sie die Gegenfrage mit folgendem Wortlaut:

„Sorry, welche Frage soll ich zuerst beantworten. Können Sie die erste Frage für mich noch einmal wiederholen?"

Wundern Sie sich nicht, wenn der Fragesteller seine eigene Frage nicht mehr kennt.

MERKE:

Fragen sind ein Führungsinstrument. Vor allem dann, wenn Wissensdefizite ausgeglichen werden müssen. Mit Fragen lässt sich in vielen Fällen der Gesprächsdruck abbauen. Die Frage bleibt ein wichtiges Universalinstrument der Dialektik!

12.1 Entwickeln Sie Ihre Fragekompetenz

Ein Sprichwort lautet: *„Wer fragt führt, wer nicht fragt, wird vorgeführt."* Fragetechniken bilden das Fundament jeder Gesprächsführung. Der bewusste Einsatz von Fragetechniken stellt eine rhetorische Überlegenheit dar, mit der Sie im schlimmsten Fall Ihren Gesprächspartner manipulieren und argumentativ in die Enge treiben können. Darum soll es hier nicht gehen. Fragen sind nötig, um Ihren Informationshunger zu stillen. Es hilft Ihnen nicht weiter, wenn Sie „glauben" oder „vermuten", was der Lieferant will oder wie der Lieferant vorgehen könnte. Das Wissen darum ist besser. Das ist auch der Grund weshalb Sie fragen, fragen, fragen sollten. Die Qualität der Frage ist wichtig. Antworten gibt es auch auf nicht so gut gestellte Fragen.

Dazu eine kleine Anekdote:

Zwei Manager nehmen an einem Meditations-Seminar in einem Kloster teil. Es herrscht striktes Rauchverbot, aber beide sind starke Raucher!

Nach einigen Stunden der Enthaltsamkeit sagt einer der beiden: „Ich gehe jetzt zum Seminarleiter und frage, ob wir rauchen dürfen!" Nach kur-

zer Zeit kommt er kopfschüttelnd zurück: „Wir dürfen während der Meditation nicht rauchen!"

Der zweite Manager gibt sich mit einem „Nein" nicht zufrieden und geht ebenfalls zur Seminarleitung.

Innerhalb weniger Minuten kommt er mit einer brennenden Zigarette im Mundwinkel wieder zurück!

„Was hast Du den Seminarleiter gefragt?", wollte der andere Manager wissen.

„Ich habe ihn gefragt, ob wir beim Rauchen meditieren dürfen?"

Diese Anekdote zeigt auf, dass eine gute Formulierung der Frage auch häufig ein anderes Ergebnis bringt. Nur qualitativ gute und zielorientierte Fragestellungen bringen Sie weiter.

Auch Ihr Lieferant stellt Ihnen Fragen. Die Verkäufer geben häufig mit ihren Fragestellungen die Richtung für das Gespräch vor. Viele Einkäufer sind dann damit beschäftigt, diese Fragen brav zu beantworten. Jeder Verkäufer lernt als erstes die Fragetechniken. Notieren Sie sich einmal in einem Ihrer nächsten Gespräche mit Verkäufern die verschiedenen Fragen, die Ihnen gestellt werden. Sie werden überrascht sein, auf wie viel Fragen Sie eine Antwort geben.

MERKE:

> Die Qualität Ihrer Fragen bestimmt die Qualität der Antworten, die Sie bekommen!

12.2 Seitenwechsel: Ein guter Verkäufer-Einkäufer-Dialog und die Analyse

Manche Fragen sind erfolgreicher als andere. Mit guten Fragen wird beabsichtigt, eine bessere Beziehung, auch zu Ihnen als Kunde, aufzubauen. Gute Fragen bringen den Verkäufer auch schneller an sein Ziel.

Ein Beispieldialog.

Verkäufer:

„Welche Gründe gab es für Ihre damalige Entscheidung, das Produkt XY einzusetzen?"

Einkäufer:

„Für uns war wichtig, dass neben der Qualität auch eine hohe Verfügbarkeit gegeben war. Letztendlich hat der Preis auch eine Rolle gespielt."

Verkäufer:

„Ok, danke für diese Information. Wenn Sie jetzt die Faktoren Qualität, hohe Verfügbarkeit und guter Preis für sich priorisieren. Welche der Faktoren würde an erster Stelle stehen?"

Einkäufer:

„Wenn Sie mich so fragen, dann bleibt es, wie es ist. Die Qualität und die Verfügbarkeit stehen an den ersten Stellen. Das der Preis wichtig ist, versteht sich von selbst."

Verkäufer:

„Gesetzt den Fall, Sie würden sich heute für uns entscheiden. Welche Erwartungshaltungen müssten wir für Sie erfüllen?"

Einkäufer:

„Die wichtigste Voraussetzung für uns ist eine gleichbleibende Qualität. Die Verfügbarkeit und damit eine lückenlose Belieferung ist absolute Bedingung. Über die Preise müssen wir dann auch reden."

Verkäufer:

„Ok, davon bin ich ausgegangen. Außer diesen drei Punkten, welche Erwartungen haben Sie sonst noch an uns?"

Einkäufer:

„Wir erwarten sicher noch eine gute Zusammenarbeit, das mag sich für Sie jetzt etwas seltsam anhören, die sich durch eine sehr gute Erreichbarkeit der an dieser Beziehung beteiligten Personen festmacht. Zudem legen wir sehr großen Wert auf eine zügige Reklamationsabwicklung. Alles andere kostet nur Zeit."

Verkäufer:

„Wenn ich Sie jetzt richtig verstehe, wäre das ein Grund den Lieferanten zu wechseln und uns ins Boot zu holen?"

Einkäufer:

„Ja, das wäre möglich. Wir müssen aber dann noch über den Preis reden!"

Dazu die Analyse

Genauso kann sich ein Einkäufer-Verkäufer-Dialog entwickeln. Lassen Sie uns nun die Inhalte und die Absichten dieses Dialoges analysieren.

Zur ersten Fragestellung des Verkäufers:

„Welche Gründe gab es für Ihre damalige Entscheidung das Produkt XY einzusetzen?"

Einkäufer:

„Für uns war wichtig, dass neben der Qualität auch eine hohe Verfügbarkeit gegeben war. Letztendlich hat der Preis auch eine Rolle gespielt."

In dieser möglichen Antwort lassen sich für den Verkäufer mehrere Kaufmotive identifizieren:

➢ Qualitätsbewusstsein

➢ Hohe Verfügbarkeit

➢ Wirtschaftlichkeit

➢ Zufriedenheit (Zusammenarbeit)

Der Einkäufer hat hier, bewusst oder unbewusst, wichtige Informationen weitergegeben, die für den Verkäufer und sein weiteres Vorgehen entscheidend auf dem Weg zum Abschluss sind.

Zur zweiten Fragestellung des Verkäufers:

„Ok, danke für diese Information. Wenn Sie jetzt die Faktoren Qualität, hohe Verfügbarkeit und guter Preis für sich priorisieren. Welche der Faktoren würde an erster Stelle stehen?"

Einkäufer:

„Wenn Sie mich so fragen, dann bleibt es, wie es ist. Die Qualität und die Verfügbarkeit stehen an den ersten Stellen. Dass der Preis wichtig ist, versteht sich von selbst."

Hier steht die Absicht im Vordergrund zu erfahren, wie wichtig der Preis im Verhältnis zu den anderen Motiven steht. Die Positionierung von Qualität und Verfügbarkeit an die ersten Stellen lässt für den Verkäufer den Schluss zu, dass der Einkäufer auch bereit ist, zu einem höheren Preis einzukaufen, wenn der Verkäufer beispielsweise einen besseren Qualitätsstandard oder eine bessere Verfügbarkeit garantieren kann.

Das ein Einkäufer immer nach dem Preis fragt, ist jedem Verkäufer klar. Nicht so gute Verkäufer sprechen an dieser Stelle über den Preis und lassen sich in eine Preisdiskussion verwickeln.

Zur dritten Fragestellung des Verkäufers:

„Gesetzt den Fall, Sie würden sich heute für uns entscheiden. Welche Erwartungshaltungen müssten wir für Sie erfüllen?"

Einkäufer:

„Die wichtigste Voraussetzung für uns ist eine gleichbleibende Qualität. Die Verfügbarkeit und damit eine lückenlose Belieferung ist absolute Bedingung. Über die Preise müssen wir dann auch reden."

Der Verkäufer weiß, dass es jetzt zu einer Wiederholung des Vorhergesagten kommt. In der Fragestellung des Verkäufers versteckt sich schon eine erste Abschlussfrage. Genau diese Frage nach einer Entscheidung geht jetzt in der Antwort des Einkäufers unter, da er nur auf die Prioritäten eingeht. Unbewusst hat der Einkäufer sein Signal zum Abschluss gegeben. Verhaltenstechnisch oder auch psychologisch gesehen, nimmt das „Nicht eingehen" auf eine „Entscheidung für uns" dem Verkäufer die viel beschriebene Angst vor der Abschlussfrage.

Zur vierten Fragestellung des Verkäufers:

„Ok, davon bin ich ausgegangen. Außer diesen drei Punkten, welche Erwartungen haben Sie sonst noch an uns?"

Einkäufer:

„Wir erwarten sicher noch eine gute Zusammenarbeit, das mag sich für Sie jetzt etwas seltsam anhören, die sich durch eine sehr gute Erreichbarkeit der an dieser Beziehung beteiligten Personen festmacht. Zudem legen wir sehr großen Wert auf eine zügige Reklamationsabwicklung. Alles andere kostet nur Zeit."

Der Verkäufer hat sich durch einen kleinen „Vorabschluss" Sicherheit geholt, kennt nun die Positionierung der Einkäufermotive. Neben diesen Motiven kann es noch einige andere geben. In der darauf folgenden Einkäuferaussage kommt eine Unzufriedenheit mit dem bisherigen Lieferanten zum Ausdruck. Dies geschieht im Eifer des Verhandlungsgespräches vielfach sehr unbewusst. Die Art der Formulierung der Einkäuferaussage spricht Bände. In diesem Moment teilt er dem Verkäufer folgendes mit:

> ➢ Unzufriedenheit mit der Zusammenarbeit und der Erreichbarkeit der für ihn wichtigen Personen

> Stark verbesserungswürdige Reklamationsabwicklung mit dem bisherigen Lieferanten

> Verlorene Zeit fehlt bei anderen Aufgaben

Nun liegt es am Verkäufer, wie er diese Informationen nutzt und daraus ein für den Einkäufer schmackhaftes Paket schnürt. In vielen Fällen kommt der Verkäufer an einen guten Abschluss. Über den Preis wird auch nicht gefeilscht, weil der Einkäufer selbst die Begründung für einen Lieferantenwechsel geliefert hat. Darauf kann sich der Verkäufer immer wieder beziehen. Nicht so gute Verkäufer stellen Fragen wie z.B. *„Wie zufrieden sind Sie bisher mit Ihrem Lieferanten?"* Hier kennen wir kaum Einkäufer, die von vorn herein eine Antwort, wie z.B. *„Gar nicht"*, geben. Damit würden sie u.a. zugeben, dass sie in der Vergangenheit eine falsche Entscheidung getroffen haben. Also freuen Sie sich auf diese Verkäufer, dann geben Sie auch nichts preis.

Zur fünften Fragestellung des Verkäufers:

„Wenn ich Sie jetzt richtig verstehe, wäre das ein Grund den Lieferanten zu wechseln und uns ins Boot zu holen?"

Einkäufer:

„Ja, das wäre möglich. Wir müssen aber dann noch über den Preis reden!"

Diese Frage führt schon deutlicher zu einem eingeschränkten „JA" und somit zu einer Zusage des Einkäufers. An dieser Stelle muss der Verkäufer noch einige Details mit dem Einkäufer klären. Wenn diese dann passen, steht einem Abschluss nichts mehr im Wege. Die im Vorfeld „gefürchtete" Preisdiskussion verliert an Schrecken für den Verkäufer. Er hat den Einkäufer mit seinen Fragen zu seinem Ziel geführt.

12.3 Seitenwechsel: Eine Auswahl guter Verkäuferfragen

Nachstehend einige gute Fragestellungen von Verkäufern. Die Antworten der Einkäufer werden in der Regel sehr ausführlich sein. Darauf sollten Sie sich vorbereiten.

> *„Was erwarten Sie von unserem heutigen Gespräch?"*

> *„Worauf legen Sie in Zukunft besonderen Wert?"*

> *„Wenn Sie heute neu entscheiden würden, was wären für Sie wichtige Gründe dafür?"*

- ➤ *„Welche Informationen benötigen Sie für Ihre Entscheidungsfindung?"*
- ➤ *„Welche positiven Auswirkungen könnte ein Wechsel von ... für Ihr Unternehmen erzielen?"*
- ➤ *„Welche Themen sind für Sie von besonderer Bedeutung?"*
- ➤ *„Aus welchen Gründen ist es besonders wichtig für Sie...?"*
- ➤ *„Was ist bei einer Entscheidung für uns der wichtigste Aspekt?"*
- ➤ *„Wo sehen Sie beim Einsatz unserer Produkte / Dienstleistungen Ihren größten Nutzen?"*
- ➤ *„Auf was könnten Sie am wenigsten verzichten?"*
- ➤ *„Wenn es eine Sache gab, die Sie in der Vergangenheit am meisten gestört hat, welche war es dann?"*
- ➤ *„Wo sehen Sie in der Zukunft die größten Herausforderungen mit Ihren Lieferanten?"*

Wechseln Sie an dieser Stelle die Seite. Stellen Sie sich vor, dass Sie ein Verkäufer wären. Jetzt beantworten Sie diese Fragen aus Einkäufersicht. Überrascht, wie viel Informationen geflossen sind? Aufgrund dieser Fragestellungen lässt sich ein klares Bild Ihrer Motive und Bedürfnisse erstellen. Diese Informationen werden auch später, in der Verhandlung, zur Sprache kommen.

12.3.1 Die Offene Frage

„Haben Sie schon mal hinterfragt, wie informationsreich die Antworten auf viele, auch von Ihnen gestellten, offenen Fragen sind?"

Abbildung 3:   Offene Fragen

Offen gestellte Fragen ergeben ein breites Spektrum an Antwortmöglichkeiten. Ziel ist es dabei, die Wünsche und Meinungen unserer Gesprächspartner zu erfahren. Mit diesen Fragen erfahren wir viel über Hintergründe, Erwartungen und Motive unseres Lieferanten. Allerdings geben wir aufgrund qualitätslos gestellter Fragen ab einem gewissen Punkt die Gesprächsinitiative an den Partner ab, weil mit den Antworten nicht viel angefangen werden kann. Offene Fragen sollen einerseits die Beziehung zwischen den Gesprächspartnern fördern, damit ein Interesse an ihm und seinem Unternehmen deutlich machen, anderseits gewünschte Informationen zu bekommen.

Offene Fragestellungen können nicht mit „JA" oder „NEIN" beantwortet werden. Mit offenen Fragen bringen wir unseren Gesprächspartner zum Reden.

Der Einsatz von offenen Fragen bietet Ihnen viele Vorteile. Es kommt grundsätzlich zum Dialog. Offene Fragen regen zum Nachdenken an. Aus den Antworten auf offene Fragen ergeben sich eine Vielzahl von zusätzlichen Informationen und neue Gedanken. Offene Fragen lassen Ihnen Freiräume in der Formulierung von Antworten und eignen sich optimal für jede Verhandlungssituation.

Die einzige Voraussetzung ist eine gut formulierte Frage. Dazu einige Fragestellungen, die wir in unseren Verhandlungstraining immer wieder zu hören bekommen.

➢ *„Wie sind Sie aufgestellt?"*

➢ *„Wodurch unterscheiden Sie sich von Ihren Wettbewerbern?"*

➢ *„Wer sind Ihre Referenzen?"*

➢ *„Wo liegen Ihre Stärken?"*

➢ *„Wie gehen Sie mit Problemfällen um?"*

Hand aufs Herz. Kennen Sie diese oder ähnlich formulierte Fragen? Das sind offene Fragen. Diese können auch nicht mit einem „JA" oder „NEIN" beantwortet werden. Welche Informationen erhalten Sie nach diesen Fragestellungen von dem Verkäufer.

Die Frage *„Wie sind Sie aufgestellt?"* kann schon zu Irritationen führen. Oder auch zu einer sehr kurzen Antwort wie *„Gut"*. Ein gut ausgebildeter Verkäufer wird den Ball zurückspielen und Sie fragen: *„Was meinen Sie mit aufgestellt?"*, oder *„Wie soll ich Ihre Frage verstehen?"* Das ist der Moment, indem Sie die Gesprächsführung aus der Hand geben. Denn nun werden Sie dem Verkäufer erklären, was Sie mit dieser Frage bezwecken.

Ähnlich ist es bei der Fragestellung *„Wodurch unterscheiden Sie sich von Ihren Wettbewerbern?"*

Welche Antwort wird an dieser Stelle erwartet. Zuverlässigkeit, Qualitätsstandard oder Flexibilität, um nur einige Varianten zu nennen oder doch konkretere Merkmale, möglicherweise sogar Alleinstellungsmerkmale. Zudem gibt es viele Verkäufer, die ihre Wettbewerber nur oberflächlich oder gar nicht kennen.

Wir alle wissen, dass nahezu alle Produkte oder Dienstleistungen austauschbar sind. Wenn Sie mit drei oder vier Verkäufern aus unterschiedlichen Unternehmen, die für Sie als Lieferant in Frage kommen, reden, werden Sie drei oder vier ähnliche Antworten auf Ihre Fragen bekommen. Wie wollen Sie jetzt entscheiden. Klar, Geschäfte werden zwischen Menschen gemacht und letztendlich entscheidet auch häufig der persönliche Kontakt oder die gute Beziehung. Das ändert nichts an der Tatsache, dass diese Fragen niemanden weiterbringen. Das Ziel sollte sein, eine Frage so zu formulieren, dass genau die Informationen fließen die erwartet werden.

Bei offen gestellten Fragen gilt die Regel dass die Qualität der Frage, auch die Qualität der Antwort, die Sie bekommen, bestimmt.

Beispiel alt:

„Wodurch unterscheiden Sie sich von Ihren Wettbewerbern?"

Alternative:

„Außer den allgemeinen Standards wie Qualität, Zuverlässigkeit etc. würde es mich interessieren was Sie besonders und konkret von Ihrem(n) Wettberber(n) XY (und ZW) abhebt."

So formuliert, erzielen Sie folgende Vorteile:

➢ Der Verkäufer kann sich nicht mehr auf allgemeine Standards beziehen

➢ Der Verkäufer muss gezielt die Unterschiede zwischen konkreten Anbietern aufzeigen

➢ Sie erhalten detaillierte Informationen

Kann der Verkäufer nicht darauf antworten, decken Sie zumindest Wissenslücken oder geringe Marktkenntnis auf.

Die Entscheidung treffen Sie, ob es mit diesem Verkäufer weitergeht.

Gut formulierte offene Fragen

> schaffen Vertrauen bei Ihrem Verhandlungspartner

> geben dem Verhandlungspartner das Gefühl, dass er verstanden und ihm zugehört wird

> ermöglichen Interesse zu wecken

> helfen auf den Gesprächspartner einzugehen

> erleichtern das Gespräch in eine gewünschte Richtung zu lenken

> ermöglichen eine Veränderung des Gesprächsverlaufs

> helfen Einwände schneller zu erkennen

> vermindern evtl. bestehende Vorbehalte

> helfen Angriffe abzuwehren

> schaffen zeitliche Spielräume für neue Argumentationen

> bringen neue Erkenntnisse und Zusatzinformationen

> sorgen für einen Verständigungsabgleich

Anmerkung:

Offene Fragen beginnen mit den typischen Fragewörtern: *Wer, Wie, Was, Wieso, Weshalb, Wozu.* Hier möchten wir Sie auf eine kleine Einschränkung hinweisen. Sie fragen sich berechtigterweise, weshalb das Fragewort *„Warum"* nicht aufgeführt wurde. Vermeiden Sie gerade in kritischen Gesprächen ein allzu häufiges *„Warum?"*. Sicher kennen Sie das bei Kindern, die mit ihrem ständigen *„Warum"* den Wissensdurst stillen wollen und damit ihren Eltern gewaltig auf die Nerven gehen.

So wie in diesen Fällen auf hundert *„Warum"* auch hundert Antworten möglich sind, gibt es auf das eine *„Warum"* in einer Verhandlung keine harmonische Antwort. Diese Tatsachen führen nicht zu einem guten Gefühl und Gespräch.

Alleine eine Fragestellung, der das Wort *„Warum"* vorausgeht, kann je nach Situation das Gegenteil zur Information auslösen.

Auf der einen Seite kann eine Frage mit *„Warum"* Aggressionspotenzial bei Ihrem Gesprächspartner auslösen, auf der anderen Seite kann er das Gefühl bekommen, sich rechtfertigen zu müssen.

In beiden Fällen kann das zu einer Störung des Gesprächsablaufes führen. *„Warum"-Fragen* sollten daher mit Bedacht eingesetzt werden. Statt *„Warum können Sie nicht rechtzeitig liefern?"* ist folgende Fragestellung besser einzusetzen. *„Welche Gründe gibt es für diese Zeitverschiebung?"* Andere weichere Formulierungen sind beispielsweise: *„Worauf führen Sie es zurück?"* oder *„Aus welchen Gründen…"*

Worksheet 4:   Formulieren Sie offene Fragen

WORKSHEET

Formulieren Sie eigene offene Fragen. Wechseln Sie die Seite und geben sich selbst eine Antwort darauf. Sollten Sie mit der Antwort nicht zufrieden sein, ändern Sie die Formulierung Ihrer Frage.

Die Qualität Ihrer Frage bestimmt die Qualität der Antwort.

Offene Frage

....

....

....

....

....

....

....

....

....

....

....

....

....

....

....

....

12.3.2 Die Alternativfrage

Erinnern Sie sich an Ihren letzten Restaurantbesuch? Sie haben sich wohl gefühlt, die Unterhaltung mit Ihren Gästen war anregend und das Essen vom ersten bis zum vierten Gang empfehlenswert. Nachdem die Teller von der freundlichen Bedienung abgeräumt wurden, stehen nur die Getränke auf dem Tisch. Alle haben sich entspannt zurückgelehnt. In diesem Moment kommt die Bedienung und stellt folgende Frage:

Bedienung: *„Darf ich Ihnen noch einen Kaffee bringen?"*

In den meisten Fällen wird die Antwort negativ ausfallen.

Gast: *„Nein danke, ich möchte gerne zahlen."*

Das ist nachvollziehbar, denn in diesem Fall wurde Ihnen eine geschlossene Frage gestellt. Geschlossene Fragen werden häufig in solchen Situationen mit einem „Nein" beantwortet.

Gute Bedienungen nutzen Ihre Chance dieses „Nein" zumindest zu 50% zu verhindern. Sie gehen folgendermaßen vor:

Variante A:

Bedienung: *„Hätten Sie gerne noch einen Espresso oder ist Ihnen ein besonders gut schmeckender Cappuccino lieber?"*

Mit dieser Fragestellung verhindert die Bedienung in vielen Fällen eine Antwort wie *„Nein, danke."* Aufgrund der Tatsache, dass zwei Angebote gemacht wurden, entscheiden sich die meisten Menschen in diesen Situationen für eines von beiden, meist für das Letztgenannte. Zudem bildet die Aussage „gut schmeckenden" noch einen weiteren Reiz für eine Bestellung.

Variante B:

Bedienung: *„Wenn Sie jetzt noch zwischen einem Espresso oder einem besonders gut schmeckender Cappuccino wählen würden. Was würden Sie bevorzugen?"*

Aufgrund dieser Fragestellung ist die Antwort *„Nein, danke"* von vornherein ausgeschlossen. Sicher wird es einige Menschen geben, die *„gar nichts von beiden"* sagen werden. Allerdings können wir davon ausgehen, dass es die Wenigsten tun. In der eigenen Denkhaltung wäre es unhöflich einer so netten Bedienung etwas abzuschlagen. In diesem Fall erfolgt noch häufiger als im vorhergenannten Beispiel eine Bestellung.

Das ist das Prinzip der vielfach unterschätzen Alternativfrage. Unterschätzt deshalb, weil Sie von vielen Verkäufern so interessante Alternativfragen wie diese hören:

> *„Möchten Sie nun lieber das gelbe oder das schwarze Auto?"*

> *„Wie wäre es am Montag, den 13. um 14.00 Uhr oder am Mittwoch, den 15. um 10.00 Uhr?"*

> *„Ist Ihnen ein Nachlass lieber oder sollen wir die Einarbeitung kostenlos durchführen?"*

> *„Wollen Sie lieber eine versandkostenfreie Lieferung oder 3% Skonto?"*

Diese Art der Fragestellungen ist ideenlos.

Alternativfragen können in vielen Fällen zum Einsatz kommen. Bei der Argumentation und beim Abschluss. Durch eine gut formulierte Alternativfrage wird das Denken des Gesprächspartners auf zwei Vorschläge, die Sie unterbreiten, gerichtet. Er wird nicht darüber nachdenken, ob er diese Frage mit Ja oder Nein beantwortet, sondern darüber nachdenken, welche von den beiden Alternativen die bessere für ihn ist. Alternativfragen sind auch hilfreich, wenn der Lieferant auf eine andere Frage mit „weiß nicht" antwortete. So führen Sie Ihren Gesprächspartner in die von Ihnen gewünschte Richtung. Der Vorschlag, den Sie verwirklichen wollen, sollte auch als letztes genannt werden. Das zuletzt Gesagte bleibt im Kopf des Gesprächspartners haften.

Worksheet 5:   Formulieren Sie Alternativfragen

WORKSHEET

Legen Sie sich einen Vorrat an eigenen Alternativfragen an.

....

....

....

....

....

....

....

....

....

....

....

....

....

....

....

....

....

....

....

....

....

....

12.3.3 Geschlossene Fragen

Geschlossene Fragen werden so formuliert, dass der Gesprächspartner nur mit Ja oder Nein antworten kann. Auch Fragen, welche nur mit einer Zahl oder einer Farbe beantwortet werden, zählen zu diesem Fragetyp. Dabei können Sie kontrollieren, ob Ihnen der Gesprächspartner zuhört, ob er Interesse zeigt oder ob er Sie verstanden hat. Geschlossene Fragen sind aufgrund der möglichen Antworten konkretisierend, richtungsweisend, zusammenfassend und führen zu einer Entscheidung. Mit geschlossenen Fragen können Sie das Gespräch in eine bestimmte Richtung lenken. Zu viel eingesetzte geschlossene Fragen können von Ihrem Gesprächspartner auch negativ aufgenommen werden. Die alte Weisheit *„Man muss seinem Gesprächspartner nur so viele Fragen stellen, die er mit Ja beantwortet, dann beantwortet er auch die letzte, wichtigste Frage mit Ja"*, funktioniert schon lange nicht mehr, hat allerdings nichts an Wirkung verloren. Testen Sie diese Möglichkeit, nur so zum Spaß, einmal in Ihrem privaten Umfeld. Formulieren Sie sich ca. acht - zehn Fragen, bei denen Sie genau wissen, dass Ihr Partner / Partnerin diese Fragen nur mit „JA" beantworten wird. Die letzte Frage, auch das sollten Sie wissen, sollte nur mit „NEIN" zu beantworten sein. Sie werden feststellen, wie Ihr Gesprächspartner / in nach dem achten oder zehnten „JA" innerlich ganz stark mit sich ringt, um mit „NEIN" zu antworten. Häufig wird daraus auch ein „JA".

Beispiele

> *„Sind unsere Einkaufsbedingungen für Sie akzeptabel?"*
>
> *„Ist eine Zusammenarbeit mit uns wichtig für Sie?"*
>
> *„Sollen wir es so machen?"*
>
> *„Steht einem Abschluss noch etwas im Wege?"*
>
> *„Gibt es noch etwas, was Sie an unserer Zusammenarbeit hindert?"*
>
> *„Haben Sie noch Fragen?"*
>
> *„Ist eine Belieferung unserer Auslandstöchter möglich?"*

Leider nutzen viele Einkäufer die geschlossene Frageform, auch in Verhandlungen, meist zu ungünstigen Zeitpunkten. Damit legen Sie dem Verkäufer häufig das „NEIN" in den Mund. Verwenden Sie geschlossene Fragen nur für erwartete Zustimmungen bzw. für Ihren Abschluss. Geschlossene Fragen eignen sich perfekt um Sachverhalte eindeutig und unmissverständlich zu klären. Alles andere lässt geschlossene Fragen häufig zu Killerfragen werden und wirft Sie aus dem Rennen.

12.3.4 Die Motivierungsfrage

Bei der Motivationsfrage wird der Gesprächspartner positiv herausgestellt, gibt dem Gesprächspartner Anerkennung und regt ihn dazu an, aus sich herauszugehen. Dies verhilft uns zu einer besonders positiven Gesprächsstimmung. Motivierungsfragen werden auch von jedem Gesprächspartner gerne beantwortet. Pflegen Sie die Beziehungsebene und nutzen Sie Komplimente.

Beispiel:

„Was sagen Sie als Fachmann dazu?"

„Wie ist Ihre Meinung zu diesem Thema?"

„Wenn Sie jetzt eine Entscheidung treffen müssten, worauf würden Sie persönlich achten?"

„Wie haben Sie das in so kurzer Zeit umgesetzt?"

Die eigene Meinung in einem Gespräch vermitteln zu können, schmeichelt doch fast jedem.

12.3.5 Die Übereinstimmungsfrage

Die Übereinstimmungsfrage dient der laufenden Gesprächskontrolle. Nutzen Sie Ihre Themenblöcke. Klären Sie bei jedem Themenblock Übereinstimmungen oder Abweichungen.

Beispiel:

„Können Sie dieser Vorgehensweise zustimmen?"

„Sind Sie mit den eben besprochenen Maßnahmen einverstanden?"

„Wenn ich Sie richtig verstehe, ist das ein Weg, den wir gehen können?"

„Ist diese Form der Abwicklung für Sie machbar?"

„Haben wir jetzt einen gemeinsamen Weg gefunden?"

„Sind wir uns in diesem Punkt einig?"

„In der besprochenen Alternative sehen Sie also auch eine Möglichkeit für unsere zukünftige Zusammenarbeit?"

Diese Fragen sind wie „Biwaks" auf dem Weg zum Gipfel, zu Ihrem positiven Abschluss und werden in der Regel als geschlossene Frage gestellt.

12.3.6 Die Bestätigungsfrage

Die Bestätigungsfrage ist immer eine geschlossene Frage. Sie wird immer dann eingesetzt, wenn Zwischenergebnisse festgehalten werden sollen. Sie dient dazu, von unserem Gesprächspartner ein „JA" zu bekommen.

Beispiel:

„Können wir (Kann ich) daraus schließen, dass Sie an der Reduktion Ihrer Reklamationsquote interessiert sind?"

„Können wir (Kann ich) davon ausgehen, dass Ihre Lieferung rechtzeitig kommt?"

„Ist es richtig, dass die Reklamation direkt bearbeitet wurde?"

„Das heißt, dass bei einer heutigen Auftragserteilung ein zusätzlicher Bonus drin ist?"

Damit erhalten wir Zustimmung und die Gesprächsstimmung bleibt positiv.

12.3.7 Die Gegenfrage

Die Regel, keine Gegenfragen zu stellen, ist längst überholt. Wenn Sie in der Verhandlung dem Verkäufer gegenübersitzen und er Ihnen mitteilt: *„So wie Sie es so eben gesagt haben, können wir es nicht machen."* und Sie sofort die Gegenfrage *„Warum nicht?"* stellen, verschaffen Sie dem Verkäufer sofort eine Plattform, auf der er mit voller Breitseite nochmals alle verfügbaren Argumente darstellen kann.

Dank der schlecht gewählten Gegenfrage ist der Verkäufer in der Lage, die eigenen guten Argumente zu wiederholen und hat die Chance, Ihre Bedenken zum zweiten Mal auszuräumen. Auch bei Unterstellungen sind Gegenfragen kontraproduktiv. Mit der Gegenfrage wird die Unterstellung oder der jeweilige kritische Punkt nur vertieft, jedoch nicht ausgeräumt.

Beantworten Sie eine Frage mit einer Gegenfrage, so kann es auch passieren, dass sich Ihr Gesprächspartner nicht ernst genommen und sich provoziert fühlt. Eine Gegenfrage kann weich, hart oder beleidigend gestellt werden. Es kann auch der Eindruck entstehen, dass Sie Ihrem Gesprächspartner nicht antworten wollen oder ihm nicht antworten können. Das würde sicher auch Ihre Verhandlungsposition schwächen. Gegenfragen sollten Sie einsetzen, wenn Sie Zeit für eine Antwort gewinnen wollen. Gegenfragen können Sie bei einem Angriff Ihres Gesprächspartners einsetzen, um ihm den Wind aus dem Segeln zu nehmen. Es gibt viele Situationen in denen der Einsatz von Gegenfragen sinnvoll ist.

Nachstehend einige Beispiele:

Zum Verhalten	*„Halten Sie diese Frage für fair?"*
Zur Differenzierung	*„Meinen Sie A oder B?"*
Zur Rückstellung	*„Darf ich später darauf eingehen?"*
Zur Kompetenz	*„Passt diese Frage überhaupt zum Thema?"*
Zur Information	*„Was bezwecken Sie mit dieser Frage?"*
Zur Definition	*„Was verstehen Sie unter…?"*

12.4 Seitenwechsel: Wie Sie unangenehmen Fragen von Verkäufern ausweichen

In vielen Trainings für Verkäufer wird heute noch die Suggestiv-Frage trainiert. In der Suggestiv-Frage versteckt sich eine Behauptung, mit der der Befragte beeinflusst werden soll, die Antwort mit vorbestimmtem Aussageinhalt zu geben, die der Fragesteller erwartet. Die Art und Weise der Frage hat den Zweck, auf das Denken, Fühlen, Wollen oder Handeln einer Person einzuwirken und den Befragten von einer rational bestimmten Antwort abzuhalten.

Suggestiv-Fragen sind als offene Manipulationsversuche anzusehen und werden gerne als rhetorisches Mittel in Verkaufsgesprächen eingesetzt.

Grundsätzlich handelt es sich für den Verkäufer um vorteilhafte Bedingungen.

Verkäufer: *„Sind Sie nicht auch der Meinung, dass mein Angebot genau Ihre Bedürfnisse abdeckt und Sie dadurch den erwarteten wirtschaftlichen Vorteil von ca. 5 TD € erzielen?"*

Einkäufer: *„Grundsätzlich stimme ich Ihnen zu, allerdings..."*

Der Verkäufer erwartet mit dieser Behauptung eine klare Zustimmung von Ihnen und erhält sie auch oft, wenn auch nur eingeschränkt. Nun mag es sein, das der ein oder andere Punkt tatsächlich genau Ihre Vorstellung trifft. Dennoch sollten Sie diese Behauptung grundsätzlich nicht positiv beantworten. Damit geben Sie dem Verkäufer die Möglichkeit, später auf Ihre eigene Antwort zu verweisen. Wenn das passiert, befinden Sie sich zwangsläufig in einer Rechtfertigungsposition, die Ihre Verhandlungsposition schwächt.

Diese Technik hilft dem Verkäufer

> ➢ Sie aktiv von Ihrer persönlichen Einstellung wegzubringen

> ➢ durch geschickte Formulierungen Gemeinsamkeiten mit Ihnen zu erzeugen

> ➢ eine positive Antwort, besser noch, eine Bestätigung von Ihnen zu erhalten

Suggestiv-Fragen erkennen Sie auch daran, dass die Antworten in der Regel nur „JA" lauten können oder eine positive Bestätigung erwartet wird.

Beispiele:

> *„Sie stimmen uns (mir) doch zu, dass wichtige Entscheidungen nicht lange hinauszuzögern sind?"*

> *„Sie sind doch mit uns (mir) einer Meinung, dass unsere Lösung für Sie von großem Nutzen sind?"*

> *„Ich kann mir gut vorstellen, dass auch Ihnen dieser Vorschlag zusagt?"*

> *„Meinen Sie nicht auch, dass diese Dienstleistung genau die Vorteile bringt, die Sie erwarten?"*

Sicher sind Ihnen schon häufig solche oder ähnliche Fragen (Behauptungen) in Verhandlungen von Ihrem Gesprächspartner gestellt worden. Bereiten Sie sich zukünftig auf diese Fragestellungen (Behauptungen) vor, indem Sie sich mögliche Formulierungen von Suggestivfragen notieren. Eine gute Vorbereitung, auf Fragen und Behauptungen die Sie nicht beantworten wollen, stärkt Ihre Gesprächsposition.

Dazu gibt es einige Möglichkeiten, mit denen Sie unangenehmen Fragen ausweichen können. Hier gibt es ebenso viele harte, wie weiche Formulierungen, einige können elegant sein, andere vielleicht verwirrend. Es liegt in Ihrem Ermessensraum, wann und welche dialektische Methodik Sie einsetzen.

Beispiele:

„Gehen Sie einmal davon aus, dass ich dieser Behauptung nicht folgen kann."

„Gerne komme ich auf Ihre Behauptung zurück, wenn Sie mir verraten, was Sie damit bezwecken?"

„Welche Eindrücke habe ich Ihnen vermittelt, dass Sie glauben, dass ich Ihrer Meinung bin?"

„Meinen Sie es strategisch oder informell?"

Wenn Sie feststellen, dass Ihr Gesprächspartner versucht, Ihren eigenen Behauptungen, Aussagen oder Fragen, mit dieser Methodik auszuweichen, nehmen Sie diesen Ball mit folgenden Worten auf:

„Ich werde auf Ihre Frage (Behauptung) später gerne zurückkommen. Allerdings sollten wir uns zunächst auf eine wichtige Frage von mir konzentrieren. Was (…)?"

13. Kommunikationstool „Was wäre, wenn"-Szenarien

In der Rhetorik wird diese Technik als ein sprachliches Mittel, zur Wirkungssteigerung und um Aufmerksamkeit zu erzielen, genutzt.

Abbildung 4: Kopfkino

Sie wird als Ausgangspunkt für ein dialektisches Argument, für eine bildhafte Vision, die sich aus einer These oder einer Behauptung und einer bildhaften Darstellung zusammensetzt genutzt. Diese Schlussfolgerung basiert lediglich auf der eigenen Beurteilung von gehörten Fakten und Zusammenhängen. Diese „Was wäre, wenn"-Szenarien eröffnen viele

Möglichkeiten. Damit geben Sie Ihrem Gesprächspartner die Möglichkeit sich in Gedanken auszumalen, wie es wäre, wenn...

Zudem erlaubt diese Technik die Möglichkeit, das soeben Gesagte zu visualisieren. Sobald wir eine Information hören, sucht unser Gehirn nach dem dazu passenden Bild. Wir sind nicht in der Lage, diesen Prozess zu unterbinden – er geschieht unterbewusst. Genau dieser Mechanismus unterstützt unsere sachlichen Aussagen mit einer Kombination von Aussage und Bildern. Damit unterstreichen wir unsere gezeigten oder erzeugten Aussagen. Bei unserem Gesprächspartner entstehen Gefühle und bildhafte Abläufe, die seine Entscheidung beeinflussen. Unsere Aussagen werden dadurch markanter, glaubwürdiger und vor allem einprägsamer. Mit dieser Technik können wir die Gedanken unseres Gesprächspartners schrittweise in unsere Richtung bringen. Unser Gesprächspartner soll das von uns Gesagte in seinen Gedanken bildhaft umsetzen und nachvollziehen können.

13.1 Seitenwechsel: Ein Blick in die Verkäuferseele

Versetzten Sie sich für einen Augenblick in eine fortgeschrittene Verhandlung. In den vorherigen Gesprächen wurden alle Details besprochen. Der Umfang, die Menge und auch die anderen Bedingungen sind für beide Parteien klar und eindeutig. Ihre Beziehung zum Verkäufer passt, Sie sind mit seinem Auftreten und auch mit seiner Vorgehensweise einverstanden. Der Verkäufer ist ebenfalls in einer komfortablen Situation, da er ein ähnliches Gefühl hat. Zudem haben Sie ihm schon signalisiert, dass es wohl zu einer Zusammenarbeit kommt. Der nächste Schritt ist die Einladung des Verkäufers zum Abschlussgespräch.

Bevor wir hier weitermachen, werfen wir einen Blick zurück. Ein Blick in das Unternehmen des Verkäufers. Bevor er zu Ihnen, zu dem Verhandlungsgespräch, gekommen ist, hat er noch an einem Vertriebsmeeting in seinem Unternehmen teilgenommen. Das Projekt, über das er mit Ihnen verhandelt, war auch Besprechungsgegenstand in diesem Meeting.

Wagen wir einen Blick in ein Vertriebsmeeting dieses Verkäufers. Wöchentliche Meetings dienen u.a. zur Besprechung aktueller Verkaufsprojekte. Zu diesem Zeitpunkt sind in der Regel alle Verkäufer des Unternehmens anwesend. Sie können davon ausgehen, dass das Projekt und auch die Verhandlung mit Ihnen ein Gesprächsthema im Unternehmen des Verkäufers sein wird. In seinem Forecast hat sich die Chance auf einen Abschluss bei Ihnen nach dem letzten Gespräch erhöht. Vorher wurde die Chance auf einen Abschluss mit 70% Wahrscheinlichkeit definiert. Nach dem letzten Gespräch mit Ihnen wurde die Abschlusswahrscheinlichkeit auf mindestens 90% erhöht.

Da sehr viele Verkäufer ergebnisorientiert bezahlt werden, können Sie von folgenden Gedankenbildern unseres Verkäufers ausgehen.

„Toll, wieder eine gute Provision erzielt. Davon kann ich uns die lange gewünschte Heimkinoanlage kaufen. Das wird meine Frau besonders freuen, wenn ich es ihr heute Abend mitteile."

„Super, hiermit liege ich voll in meiner Verkaufsplanung und habe die Chance in der internen Verkaufsliste ganz nach oben zu kommen."

„Ich freue mich schon auf das nächste Meeting, denn den Auftrag habe ich schon. Da sammel ich wieder Pluspunkte beim Vertriebsleiter."

Nun laden Sie den Verkäufer zu einem Abschlussgespräch ein.

Nach der Begrüßung und dem üblichen Small Talk wollen Sie nun die Sache auf den Punkt bringen und sagen dem Verkäufer folgendes:

Einkäufer: *„Mal angenommen, Herr Verkäufer, nur ein Gedanke, ich würde Ihnen den Auftrag nicht erteilen. Was würde das für Sie persönlich bedeuten?"*

Welche bildhaften Vorstellungen lösen Sie bei diesem Verkäufer nun aus?

In diesem Fall können wir von mehreren negativen Bildern ausgehen, die sich jetzt in seiner Vorstellung manifestieren. Beispielsweise diese:

„Mist, die Heimkinoanlage kann ich mir abschminken. Was wird meine Frau wohl dazu sagen?"

„Wieder nichts mit dem Sprung an die Spitze der Verkaufsliste. Das wird ein Spaß für meine Vertriebskollegen."

„Wie erkläre ich meinem Verkaufsleiter den Auftragsverlust. Ich war doch so sicher. Das wird zu einem unangenehmen Gespräch führen."

Mit dieser Technik können wir die Gedanken unseres Gesprächspartners beeinflussen. In diesem Beispiel wird das von uns Gesagte in seiner Gedankenwelt bildhaft umgesetzt. Dagegen kann sich keiner wehren.

Ein weiterer möglicher Effekt aus diesem Szenario kann noch ein Zugeständnis in irgendeiner Form sein. Kein Verkäufer verliert gerne. Auf die große Heimkinoanlage kann er bestimmt verzichten, eine kleinere erfüllt auch ihren Zweck. Was dem Verkäufer richtig weh tut, sind einerseits die darauf folgenden Erklärungen für den Auftragsverlust seinem Vertriebsleiter gegenüber, andererseits möchte er keinen Imageverlust gegenüber seinen Kollegen erleiden. An dieser Stelle wird fast jeder Verkäufer Sie fragen, was er noch tun muss, um diesen Auftrag heute zu erhalten. Es liegt bei Ihnen, ob Sie diese Technik zukünftig beispielsweise für ein letztes Entgegenkommen nutzen wollen.

Ein weiteres Beispiel

Einkäufer: *„Mal angenommen, Herr Verkäufer, ihre Lieferung würde bei uns pünktlich eintreffen, allerdings würde die Qualität nicht mit der übereinstimmen, die Sie uns zugesichert haben. Was glauben Sie, welche zusätzlichen Kosten in unserem Produktionsablauf und an deren Unternehmensstellen entstehen?"*

Welche bildhaften Vorstellungen lösen Sie in diesem Beispiel bei diesem Verkäufer nun aus? Auch hier können wir von mehreren negativen Bildern ausgehen, die sich jetzt in seiner Vorstellung manifestieren.

„Wie würde ich den Qualitätsverlust erklären?"

→ Welche Begründung würde er akzeptieren?

„Die Produktion steht still."

→ Welche Unternehmensbereiche sind hiervon betroffen?

→ Welche Auswirkung hat das auf sein Geschäft und seine Kunden?

„Was bedeutet das für meine Nachfolgegeschäfte?"

→ Welche Wettbewerber wird er beim nächsten Mal ansprechen?

→ Habe ich überhaupt noch eine Chance weitere Geschäfte mit ihm zu machen?

Den einzigen positiven Aspekt in der Fragestellung, den der pünktlichen Lieferung, kann er nicht ansprechen, weil die negativen Auswirkungen mächtiger sind. Insofern können wir den Einsatz von „Was wäre, wenn…"-Szenarien für Ihre Einkaufsgespräche nur empfehlen. Die Auseinandersetzung mit möglichen negativen Auswirkungen, in Ihrer Verhandlung, für das Geschäft, veranlasst den Verkäufer in seinem Unternehmen mehr zu tun. Er wird auf wesentliche Aspekte, auf Ihre Wünsche und Anforderung für das zu tätigende Geschäft, intern einwirken.

Dieses Beispiel ist bewusst weiter formuliert worden, um den Verkäufer diesmal in die Gedankenwelt des Einkäufers schauen zu lassen. In diesem Beispiel ist er gezwungen, sich mit Schreibtischseite und Sichtweise des Einkäufers auseinanderzusetzen. Der Verkäufer kann sich aufgrund der Fragestellung nur mit negativen Auswirkungen beschäftigen. Auch hier wird er alles für ihn mögliche versuchen, auch unter Einbeziehung seiner Vorgesetzten, Sie zufrieden zu stellen.

13.1.1 Rhetorische Regeln der „Was wäre, wenn"-Szenarien

Dieses rhetorische Stilmittel bedarf keiner großen Übung. Mit dieser Technik erzeugen wir Wirkungen in der Gedankenwelt unserer Gesprächspartner. Negativ oder positiv, genau wie Sie es brauchen.

Alles was wir hören, setzt unser Gehirn in Bilder um. Diese Bilder wiederum erzeugen Gefühle! Das bedeutet, mit der richtigen Formulierung helfen wir unserem Gesprächspartner, sich für unsere Forderung zu entscheiden. Dabei ist es enorm wichtig, dass wir freundlich und positiv formulieren. Der Profieinkäufer baut sich mit der Zeit eine „Sammlung" von „Was wäre, wenn"-Szenarien auf, die er situativ einsetzt.

Die rhetorische Regel:

Schritt 1	Startformulierung	*Mal angenommen, Herr Verkäufer,*
Schritt 2	Verstärkung	*nur ein Gedanke,*
Schritt 3	Aussage	*ich würde Ihnen den Auftrag nicht erteilen.*
Schritt 4	Offene Frage	*Was würde das für Sie bedeuten?*

Weitere Beispiele für die Anfangsformulierungen von diesen „Was wäre, wenn"-Szenarien können sein:

Nur eine Annahme.../ Gesetzt den Fall.../ Nur eine Idee.../ Stellen Sie sich einmal vor.../ Nur ein Planspiel.../ Legen Sie einmal zugrunde.../ Nur eine Vorstellung.../ Malen Sie sich einmal aus.../ Nehmen Sie einmal an...

Worksheet 6:   Formulieren Sie „Was wäre, wenn"-Szenarien

WORKSHEET

Legen Sie sich einen Vorrat von „Was wäre, wenn"-
Szenarien an.

....

....

....

....

....

....

....

....

....

....

....

....

....

....

....

....

....

....

....

....

....

....

....

....

14. Kommunikationstool „Aktives Hinhören"

50% der Menschen drücken sich unklar aus, die anderen 50% hören nicht richtig hin.

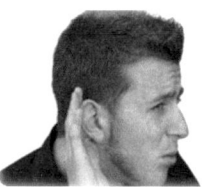

Abbildung 5:   Hinhören

Das mit dem Hinhören ist so eine Sache: Nur weil wir unserem Gesprächspartner gegenüber sitzen, das, was er sagt akustisch aufnehmen, hören wir noch lange nicht richtig hin. Aktives Hinhören beinhaltet vor allem, dass wir versuchen zu verstehen, was unser Gegenüber sagt.

Die Wenigsten von uns machen sich Gedanken darüber, ob wir tatsächlich hinhören, wenn unser Partner etwas sagt. In diesem Zusammenhang ist auch eine Studie interessant, die das internationale Verkaufsunternehmen „The Forum Corporation" durchgeführt hat. In diesem Rahmen wurden Kunden aus unterschiedlichen Branchen befragt, welches Verkäuferverhalten sie am meisten ärgert. Das Ergebnis: 39% der Befragten ärgerten sich über Verkäufer, die nicht richtig hinhören und damit ihre wirklichen Wünsche und Motive nicht richtig verstehen. Ergebnisse aus anderen Untersuchungen zeigen, dass wir zu ca. 80% unserer Wach-Phasen mit Kommunikation beschäftigt sind. Davon wiederum etwa 45% mit Hören (Schüler zu 60 - 70%). Damit ist Hören unsere stärkste und wichtigste Kommunikationsform. Leider wird diese Fähigkeit am wenigsten gelehrt, obwohl wir diese Fähigkeit am meisten brauchen.

Wenn wir aber nicht richtig hinhören, bekommen wir auch nicht mit, warum unser Gesprächspartner so oder so argumentiert. Wenn wir nicht richtig hinhören, können wir nicht feststellen, welche Motive unser Gesprächspartner hat oder verbirgt. Somit rauben wir uns die Möglichkeit, genauer zu hinterfragen. Hinhören hat immer mit Aufmerksamkeit zu tun. Viele von uns denken aber schon, während der andere spricht, bereits über Gegenargumente oder Erwiderungen nach. Sie sind dann gedanklich nicht bei Ihrem Gesprächspartner, sondern viel mehr bei sich selbst. Hinhören heißt auch, dass Sie Ihren Gesprächspartner ausreden lassen. Fordern Sie dasselbe auch für sich ein. Auch wenn Sie es gewohnt sind, dass man Sie in Ihren Ausführungen unterbricht, weil Sie sich vielleicht schon damit abgefunden haben unterbrochen zu werden, können Sie mit ein wenig Disziplin diese Regel einhalten. Wenn Sie sich schon mit dem beschäftigen, was Sie sagen wollen, werden Sie vielleicht gar nicht mehr genau verstehen, was der Andere sagt. Ihr Gesprächspartner kann vielleicht ausreden, hat aber nichts davon.

Häufig lässt unser eigenes Temperament es gar nicht zu, dass wir unseren Gesprächspartner ausreden lassen. Wir können es kaum abwarten, selbst das Wort zu ergreifen. Alles geht uns zu langsam, und wir befürchten unsere Ideen zu vergessen. Hier ist Geduld und Konzentration angesagt. Auch wenn es schwer fällt. Ihrer Gesprächskultur tut es nur gut. Auch unter größten Anstrengungen Ihrerseits wird es vorkommen, dass Sie jemanden unterbrechen, oder Sie unterbrochen werden. Falls Sie wieder einmal versehentlich in das Wort des anderen fallen, entschuldigen Sie sich. Damit zeigen Sie Ihrem Gegenüber Respekt. Wenn Sie unterbrochen werden, bitten Sie freundlich aber bestimmt darum, ausreden zu dürfen. In der Regel wird der andere sich dann bei Ihnen entschuldigen.

14.1 Eine Übung zum aktiven Hinhören

Aktives Hinhören kann man üben. Aktives Hinhören erfordert Disziplin. In unseren Trainings führen wir folgende Übung in Zweier-Teams durch, die Sie auch mit ihren Arbeitskollegen üben und trainieren können.

Setzen Sie sich so, dass Sie miteinander Blickkontakt haben. Legen Sie fest, wer anfängt zu reden. Es ist nicht wichtig, was Sie sagen. Sie sollten die Übung zu Anfang jedoch mit allgemeinen Themen, wie z.B. das Wetter, Sportereignisse oder über Ihren Urlaub beginnen. Beginnen Sie in der ersten Phase der Übung mit insgesamt drei bis vier kurzen Sätzen. Ihr Gesprächspartner hat nun die Aufgabe, genau das zu wiederholen, was Sie zuvor gesagt haben. Es geht nicht darum, jedes Wort zu wiederholen, sondern mit eigenen Worten den Sinn des zuvor Gesagten zu wiederholen. Dabei beginnen Sie beispielsweise mit dem Satz: *„Sie sagten...“*, oder *„Sie meinten...“*

Derjenige, der zuerst gesprochen hat, kann nicken, wenn er sich richtig wiederholt sieht oder aber das Gesagte nochmals sagen, falls es falsch wiederholt wurde.

Nach zehn Minuten werden die Rollen getauscht. Diese kleine Übung wird deutlich machen, wie schwierig es sein kann, genau das zu wiederholen, was Sie gerade gehört haben. Je komplizierter und umfangreicher das Gesagte ist, desto schwieriger wird es.

In jedem Fall sollten Sie sich nach der Übung ein Feedback geben. Beim Feedback sollten Sie behutsam vorgehen. Versuchen Sie das Ganze wirklich als eine Übung zu sehen, vermeiden Sie es zu streiten. Beim aktiven Hinhören geht es nicht darum, Recht zu haben. Das Entscheidende hierbei ist, dass Sie sich gegenseitig überprüfen, wie gut Sie hingehört und wie gut Sie verstanden haben. Also verbeißen Sie sich nicht in einzelne Sätze, um darüber stundenlang zu diskutieren. Darum geht es nicht. Im Zweifelsfall hat bei dieser Übung immer derjenige Recht, der den Ursprungssatz geäußert hat. Es ist die Aufgabe des Hinhörenden, sich bei dieser Übung so auf den anderen einzustellen, dass dieser seine Worte richtig wiedergegeben sieht.

Aktiv Hinhören ist eine wichtige Basis für die erfolgreiche Kommunikation.

Je aktiver Sie hinhören, desto mehr profitieren Sie, sei es im Rahmen von Verhandlungen, Vorträgen, Diskussionen, Konferenzen oder Seminaren.

Aktives Hinhören für Ihre Verhandlungen ist wichtig für Sie, weil Sie hierdurch:

- ➢ eine Steigerung Ihrer Informationsaufnahme erreichen können

- ➢ eine Steigerung Ihrer Informationsverarbeitung erreichen können

- ➢ eine Steigerung Ihrer Informationsvertiefung erreichen können

- ➢ einen persönlicheren Kontakt herstellen können

- ➢ die Gesprächsatmosphäre deutlicher entspannen können

- ➢ bei verhärteten Standpunkten leichter eine emotionale Übereinstimmung erzielen können

- ➢ zwischen den Zeilen hören können

- ➢ bei Unklarheiten direkt nachhaken können

- ➢ durch nonverbales Verhalten (z.B. Nicken) Bestätigungen geben können

- ➢ die Gefühle des Gesprächspartners erkennen können

- ➢ sich in die Situation des Gesprächspartners versetzen können

Aktives Hinhören gelingt nur dann, wenn Sie an Ihrem Gesprächspartner und seinen Äußerungen wirklich und ernsthaft interessiert sind. Gespieltes aktives Hinhören wirkt unecht und wird auf Dauer von ihrem Gesprächspartner bemerkt.

MERKE:

> Aktives Hinhören fördert den Informationsfluss und damit eine positive Gesprächsatmosphäre!

14.2 Regeln für aktives Hin-Hören

In seinem Buch über Konzentrationsförderung, „Improve Your Concentration", beschreibt der amerikanische Psychologe Sam Horn sechs einfache Regeln, die aktives Hin-Hören erleichtern:

Ignorieren Sie Störungen!

Fassen Sie den bewussten Entschluss, Ihre gesamte Aufmerksamkeit auf den vorliegenden Inhalt der Verhandlung zu konzentrieren. Üben Sie, alle ablenkenden Gedanken während der Verhandlung beiseite zu schieben.

Urteilen Sie später!

Konzentrieren Sie sich auf den Inhalt statt auf den Stil oder die Art der Gesprächsführung, auch wenn Sie die Stimme, die Gestik oder sonst etwas stört. Fällen Sie kein vorschnelles Urteil. Warten Sie das Ende des Vortragenden ab. Und selbst wenn Sie mit dem Kern der Ausführungen nicht einverstanden sind, sollten Sie sich Gedanken darüber machen, ob Sie nicht doch den einen oder anderen brauchbaren Ansatz enthalten.

Achten Sie auf Blickkontakt!

Sie sollten immer Ihren Gesprächspartner anschauen und ihm auch Ihren Körper zuwenden. Die Körperhaltung wirkt auf ihren inneren Zustand zurück und führt zu echter Aufmerksamkeit, auch wenn Sie in diesem Augenblick viel lieber etwas anderes täten. Zudem können Sie bei Ihrem Gesprächspartner erkennen, ob Gestik und Mimik mit dem Gesagten übereinstimmt.

Wiederholen Sie das Gehörte!

Bei Ihren Verhandlungen können Sie die Gefahr von Missverständnissen verringern, indem Sie aufmerksam hinhören, anschließend die wichtigsten Punkte zusammenfassen, bevor Sie Ihren eigenen Diskussionsbeitrag leisten. Diese Taktik hilft Ihnen auch, die Hauptthemen im Auge zu behalten und sich nicht von minder wichtigen Details ablenken zu lassen.

Sehen Sie die andere Seite!

Die Aufmerksamkeit lässt schnell nach, wenn man etwas schon mehrmals gehört hat oder die Argumentation Ihres Gesprächspartners reichlich konfus wirkt. Stärken Sie Ihre Aufmerksamkeit, indem Sie sich in den Gesprächspartner hineinversetzen. Sie werden seinen Standpunkt besser nachvollziehen können.

Unterbrechen Sie nicht!

Um den Grad Ihrer Aufmerksamkeit beurteilen zu können, sollten Sie sich von Zeit zu Zeit fragen: *„Höre ich wirklich hin, oder warte ich nur auf eine Gelegenheit, das Wort zu ergreifen?".* Wenn Sie tatsächlich nur darauf warten, den Sprecher zu unterbrechen, haben Sie Ihr Urteil womöglich bereits gefällt und wollen gar nicht mehr hinhören. In solchen Fällen helfen Konzentrationsübungen.

15. Kommunikationstool „Schweigen"

Das Schweigen ist für uns eine unheimliche, eine unbegreifliche Macht. Es gibt nichts auf der Welt, was unser Unterbewusstsein nachhaltiger beeindruckt, mehr beunruhigt, als ein ganz gewöhnliches Schweigen. Dieses Schweigen ruft wohl die Stimmung, die vor hunderttausend Jahren im Urwald geherrscht hat, zurück. Wenn kein Wind durch die Blätter streicht, ringsum alles still ist, dann wird jedes Geräusch zu einem wichtigen Hinweis. Jedes Geräusch verrät, wo sich irgendetwas tut. Aber diese absolute Stille ist unheilschwanger. Sie umklammert unser Unterbewusstsein wie eine unsichtbare Macht. Auch Schweigen ist unheimlich, weil wir nicht wissen, was dahinter steckt. Wenn in einer Abendgesellschaft plötzlich das Schweigen ausbricht, dann ist das peinlich; alle werden unruhig, keiner wagt sich zu rühren, bis der Bann des Schweigens wieder gebrochen wird. Haben wir das nicht alle schon einmal erlebt?

Abbildung 6:   Schweigen

Das bewusste Schweigen ist eine Geheimwaffe. Es ist deshalb eine Geheimwaffe, weil die meisten Menschen sich der Macht des Schweigens nicht bewusst sind und sie schon gar nicht nutzbar zu machen wissen. Wenn der Gesprächspartner schweigt, so macht uns das kribbelig, wir empfinden ein Unbehagen, aber nur solange, wie wir uns selbst noch nicht an den Gebrauch dieser Waffe gewöhnt haben. Wenn wir einmal wissen, worum es beim Schweigen geht, so fällt es uns überhaupt nicht mehr schwer, nötigenfalls länger zu schweigen als unser stummer Gesprächspartner.

Es ist sowohl für den Manager als auch für den Einkäufer wichtig, dieses ausdrucksstarke Mittel zu kennen, ihre Handhabung zu üben und dieses Mittel bewusst einzusetzen.

Haben Sie schon einmal darüber nachgedacht, welche Arten des Schweigens es überhaupt gibt? Kennen Sie nicht aus eigener Erfahrung z.B. das betretene Schweigen, das eisige Schweigen, das ängstliche Schweigen, das fragende Schweigen, das ergebene Schweigen, das herausfordernde Schweigen, das eiserne Schweigen, das vielsagende Schweigen, das verlegene Schweigen, das imponierende Schweigen, das Schweigen wie ein Grab, das anmaßende Schweigen, das rätselhafte Schweigen?

Der bekannte Tierforscher Konrad Lorenz schreibt in seinem Buch „Das sogenannte Böse"

„Wenn zwei österreichische Bauern miteinander ein Geschäft zu tätigen haben, dann können Sie von Anfang an sagen, wer wen übervorteilen wird. Derjenige von beiden, der zuerst auf den Gegenstand des Handels komme, ist der Schwächere, und er wird unterliegen."

Diese Aussage von Konrad Lorenz betrifft im Grunde genommen auch das Schweigen. Die psychologische Situation ist in jedem Fall dieselbe. Derjenige, der sich psychologisch gesehen in der schwächeren Position zu finden glaubt, meint, er müsse reden, reden und noch einmal reden.

15.1 Was Sie mit der Macht des Schweigens erreichen können

Wer „Kämpfe" siegreich bestehen will, muss zumindest die Möglichkeiten kennen, die ihm zur Verfügung stehen. Die meisten Menschen spüren sehr deutlich die Wirkung des Schweigens, aber sie vermögen nicht, es bewusst als rhetorisches Mittel zu handhaben. Umso wichtiger ist es auch für Einkäufer, die ja auf andere „wirken" wollen, dieser Bedeutung voll bewusst werden. Die Fehler, die im Umgang mit Mitarbeitern und Lieferanten gemacht werden, sind im Allgemeinen nicht darauf zurückzuführen, dass zu viel geschwiegen wurde, sondern dass zu wenig geschwiegen und zu viel geredet wurde. Diese Erkenntnis veranlasste einmal einen sehr erfolgreichen Verkaufsleiter, sich nach Absolvieren eines Verhaltenstrainings auf folgende Weise zu bewusstem Schweigen zu erziehen.

Bevor er ein Unternehmen, in dem er wichtige Besprechungen zu führen hat, betritt, bleibt er eine Minute lang stehen und beobachtet während dieser 60 Sekunden den Weg des Sekundenzeigers seiner Uhr – eine Minute lang absolutes Schweigen! Können Sie sich vorstellen, wie kurz diesem Verkaufsleiter während einer Besprechung eine Kunstpause von vielleicht 10 oder 15 Sekunden vorkommt? Das ist eine Zeitspanne, die dem, nicht auf die Macht des Schweigens geeichten Gesprächspartner, bereits als Ewigkeit vorkommt.

Was nutzt uns nun die Erkenntnis über die Macht des Schweigens? Was bringt uns das Schweigen ein?

Erstens: Richtig dosiertes Schweigen bringt Ihnen innere Sicherheit und mentale Stärke

Zweitens: Schweigen aufgrund der inneren Stärke beunruhigt den Gesprächspartner. Wir wissen ja, wenn jemand sich psychologisch unterlegen fühlt, beginnt er zu reden (siehe auch „Konrad Lorenz – Das sogenannte Böse")

Drittens: Das richtige Schweigen lässt uns, in der Vorstellung des Anderen, größer, weiser und genialer erscheinen

Bringen Sie sich also psychologisch in die stärkere Position – durch die „hohe Schule" des Schweigens. Sie glauben nicht an die Macht des Schweigens? Probieren Sie es aus, üben Sie das Schweigen. Sie werden Erfolg haben!

Schweigen kann aber nicht nur im Beruf, sondern auch im privaten Umfeld als Mittel eingesetzt werden. Ein persönliches Beispiel dazu? Nach einem harten Seminartag und ca. 220 km Autobahnfahrt ging einem unserer Trainer, ca. 50 m vor der heimatlichen Autobahnausfahrt, das Benzin aus. Er war schon rechts herangefahren und gerade dabei den Reservekanister aufzuschrauben, als er ein Polizeifahrzeug auf sich zukommen sah. Er ließ sich jedoch in seiner Arbeit nicht stören und wartete solange, bis ein Beamter auf ihn zukam. Dieser stellte sich vor und fragte nach der Ursache des Haltens. Nachdem ihm der Grund bekannt war, kamen die typischen Maßregelungen. *„Dass so etwas ja wohl nicht ginge, dass das ja wohl Verkehrsbehinderung sei und dieses Vergehen natürlich ein Verwarnungsgeld nach sich zieht."*

Der Trainer richtete sich ganz ruhig auf, stellte den Reservekanister beiseite, nannte seinen Namen und blickte den Polizisten ganz ruhig und
gefasst in die Augen. Er sagte nichts, er schwieg ihn einfach an! Nach
vielleicht zehn oder zwanzig Sekunden fing der Polizist plötzlich wieder
an zu reden. Dieses Mal schon etwas höflicher und fragte ihn, wie weit er
es denn noch nach Hause habe. Als er ihm sagte, dass er noch ca. drei
km bis zur heimatlichen Garage fahren müsste, schaute er ihn ganz erstaunt an und sagte: *„Da haben Sie aber Pech gehabt, fast hätte es ge-
reicht."*

Das war für den Trainer der Moment, ihm die Hand zu drücken. Er be-
dankte sich auch noch für sein Verständnis. Ganz ruhig packte er seinen
Reservekanister weg. Der Polizist wünschte ihm mit der Bemerkung,
„Aber beim nächsten Mal passen Sie besser auf.", noch eine gute Fahrt.

Und damit war diese Episode ohne Verwarnungsgeld beendet.

Hat unser Trainer Glück gehabt?

Vielleicht! Aber auf jeden Fall reizt es uns persönlich immer wieder, die
Macht des Schweigens bewusst auszuprobieren. (Ähnliche Erlebnisse
haben übrigens auch einige unserer Trainingsteilnehmer in anderen Situationen gehabt. Zur Nachahmung empfohlen.)

Das bewusste Schweigen-Können ist im wahrsten Sinne des Wortes die
Geheimwaffe der Menschen, die andere beeinflussen, lenken und führen
wollen. Nutzen Sie die Macht des Schweigens zu Ihrem Vorteil!

MERKE:

| Nur wer wesentlich schweigen kann, kann wesentlich reden!
(Kierkegaard)

16. Einwände sind Brücken zum positiven Verhandlungsergebnis

Die Beziehung zu einem Gesprächspartner besteht grundsätzlich aus
vielen unterschiedlichen Aspekten und hat nicht immer mit guten Argumentationen zu tun. Das sind einzelne Phasen, die den Weg zum Einkaufserfolg ebnen. Menschen handeln nicht nur aus rationalen Überlegungen. Wenn wir es schaffen, den Gesprächspartner dort mental abzu-
holen, wo er seine Herausforderungen hat und wir ihm vermitteln können, dass wir sein Business verstehen und individuelle Lösungen anbieten können – dann haben wir die Grundlage für eine vertrauensvolle Zusammenarbeit geschaffen. Dennoch werden wir häufig mit Einwänden

konfrontiert, die uns im ersten Moment sprachlos machen. Einwände sind das „Salz in der Suppe" in jedem Einkaufsgespräch. Solche oder ähnliche Formulierungen lassen sich in der verfügbaren Literatur nachlesen. Auch in Verkaufstrainings gehört die Einwandbehandlung zum Standard Repertoire von Kommunikations- und Verkaufstrainern.

Eins ist unbestritten, und so sicher wie das Amen in der Kirche. Sie als Einkäufer werden in irgendeiner Phase des Verhandlungsgespräches z.B. Bedenken gegen das vorliegende Angebot, das Produkt, der Zuverlässigkeit oder sogar gegen den Verkäufer bzw. das Unternehmen äußern. Denn in jedem Einkaufsgespräch wird es Themen geben, bei denen sich die Gesprächspartner uneinig sind. Ähnliche Bedenken wird auch der Verkäufer im Laufe eines Einkaufsgespräches äußern.

Übertragen wir den Verhandlungstisch des Einkäufers in die Küche.

Einkäufer sind häufig keine guten Köche. Wie viel Salz gehört in eine Suppe, damit diese schmackhaft wird? Es muss die richtige Dosierung sein, nicht zu viel und nicht zu wenig. Ausgerichtet auf den individuellen Geschmack. Allerdings sind Geschmäcke verschieden. Der eine braucht halt mehr Würze als der andere. Fade Suppen schmecken ebenso wenig gut, wie versalzene Suppen.

Aus welchen Gründen also servieren viele Einkäufer Ihren Lieferanten in erster Linie fade schmeckenden Suppen. Im Restaurant werden sie diese Suppen zurückgehen lassen, bestenfalls mit dem Hinweis darauf, dass dieser Suppe Salz fehlt oder dass diese Suppe stark versalzen ist.

Der Koch weiß an dieser Stelle genau, was jetzt zu ändern ist bzw. was er nun zu tun hat. Er kennt die Gründe, weshalb dem Gast die Suppe nicht geschmeckt hat. Jetzt kann er es ändern und dem Gast eine neue Suppe servieren. Allerdings hinterlässt diese Tatsache bei dem Gast keinen so guten Eindruck. Wenn dieser Gast von anderen gefragt wird, wie es in diesem Restaurant war, wird er in vielen Fällen nicht verschweigen, dass ihm die Suppe nicht geschmeckt hat, er sie zurückgehen ließ und auf eine neue wartete. Ist die neue Suppe nach seinem Geschmack, wird er dieses Restaurant wohlwollend, vielleicht sogar mit dem Hinweis auf einen guten Service, weiterempfehlen.

Nun gibt es auch die Gruppe von Menschen, die dem Servicepersonal keinen Hinweis darauf geben, welche Gründe es für die Rückgabe gibt. Hier wird der Koch sehr hilflos sein. Er kann nur raten, aus welchen Gründen die Suppe zurückgegeben wurde. Einen definitiven Hinweis wird er nicht haben. Nun kann er eine Suppe servieren, die vielleicht etwas mehr oder etwas weniger Salz hat. Spannend für den Koch ist in jedem Fall die Reaktion des Gastes. Der Gast wird diese Suppe vielleicht genießen. Vielleicht wird er sie auch, bis auf den „Anstandslöffel" stehenlassen. Wenn dieser Gast jedoch gefragt wird, wie es in diesem Restaurant war, wird er den Umstand der nicht schmeckenden Suppe verschweigen, wie im ersten Fall, oder wird er dieses Restaurant weiterempfehlen, wie der Gast zuvor?

Weiter empfehlen wird er das Restaurant bestimmt nicht.

Die Thematik der faden oder versalzenen Suppen kann jeder gute Koch verhindern. Er muss sich an ganz bestimmte Standards, Vorbereitungsschritte sowie die richtigen Zutaten erinnern. Die nutzt er dann für seine wohlschmeckende Suppe. Dann ist er auch mit seinem Restaurant, seinen Suppen erfolgreich, weil die Gäste einfach nur zufrieden sind und der individuelle Geschmack getroffen wurde. Diesen Ablauf können Sie auf viele Ihrer Einkaufsgespräche projizieren.

Das Kommunikationstor ist weit offen, und die Verhandlungsgespräche gehen im Sinne des Einkäufers weiter.

Einwände sind vorhersehbar, und damit können Sie sich darauf vorbereiten.

16.1 Seitenwechsel: Das Beispiel „Zu teuer" und die Sandwich-Technik der Verkäufer

Wechseln wir die Seiten und begeben uns in die Sichtweise von Verkäufern. Eine der meistbenutzten Einwände von Einkäufern ist die Aussage *„Zu teuer."*

Viele Verkäufer haben eine Herausforderung mit der Preisgestaltung der eigenen Produkte, bzw. der Dienstleistungen, die zu verkaufen sind. Sie glauben, dass die Preise gegenüber ihren Wettbewerbern zu hoch sind. Zudem sind die Produkte bzw. Dienstleistungen in einigen Punkten immer besser als das eigene. Jeder Verkäufer führt einen Forecast, in der die jeweiligen Verkaufsprojekte mit der eigenen Chanceneinschätzung und dem voraussichtlichen Abschlussdatum geführt werden. Dieser Forecast wird wöchentlich im Vertriebsmeeting von den Vorgesetzten abgefragt und besprochen. Die häufigsten Gründe die bei Auftragsverlust den eigenen Vorgesetzten genannt werden sind dann:

„Der Wettbewerb hat günstiger angeboten."

bzw.

„Der Wettbewerber konnte die bessere Lösung anbieten."

Sprechen Sie mal mit den Verkäufern aus Ihrem Unternehmen. Wir sind überzeugt, dass Sie von den Verkäufern aus Ihrem Unternehmen ähnliche Aussagen hören werden.

„Zu teuer" ist sicher einer der Einwände, die kein Verkäufer gern hört. In diesem Moment nimmt der „Alles oder Nichts"-Reflex seine Arbeit bei vielen Verkäufern auf. Jeder Verkäufer weiß, dass er mit diesem Einwand, so oder auch ähnlich formuliert, rechnen muss. Darauf bereitet der Verkäufer sich vor.

Durchschnittliche Verkäufer reagieren beispielsweise so:

„Herr Kunde, womit vergleichen Sie...?"

„Worauf bezieht sich Ihr Preisvergleich?"

„Zu teuer, im Verhältnis wozu?"

Andere Verkäufer haben Antworten wie

„Qualität hat ihren Preis."

oder

„Unsere Preise entsprechen dem Markt, da gibt es nur minimale Unterschiede."

oder

„Der Preis ist es ´wert´."

parat, um dann in eine „Preis-Wert" Diskussion zu wechseln.

Jetzt kommt die von vielen Trainern favorisierte Sandwich-Technik in der Preisargumentation zum Einsatz.

Einkäufer: *„Das ist mir zu teuer."*

Verkäufer: *„Herr Kunde, dieses Angebot beinhaltet für Sie genau die Komponenten der Software die Sie benötigen, die Schulung der Mitarbeiter, regelmäßige Updates der Programmstände, den Wartungsvertrag für ein Jahr sowie eine permanente Kunden-Hotline. Außerdem profitieren Sie von unseren Erfahrungen als Marktführer in diesem Segment. Das Ganze zu einem Preis von xx,xx € je Tag. Das muss es Ihnen doch wert sein."*

Das klingt doch gut, oder? Sollten Sie jetzt allerdings „Ja" sagen, haben Sie verloren.

Denn genau das erwartet der durchschnittliche Verkäufer jetzt. Diese Einwandbehandlung ist auf ein „JA" von Ihnen ausgerichtet. Das Aufzählen der Merkmale mit der Sandwich-Technik ist eine Zusammenfassung der Vorteile oder Nutzen, die Sie bisher mit dem Verkäufer besprochen haben. Parallel dazu wird der Preis „psychologisch" verkleinert. Genau diese Tatsache bietet Ihnen nun die Möglichkeit „JA" oder „NEIN" zu sagen. Das heißt, Ihre Antwort ist sehr kurz, und damit treffen Sie sofort eine Entscheidung.

Im Übrigen antworten Profi-Einkäufer an dieser Stelle mit einem klaren „Nein" und schweigen.

Eine weitere Antwortmöglichkeit von Ihnen könnte so lauten:

„Jetzt ist mir klar, weshalb Sie so teuer sind."

Profi-Einkäufer stellen auch an diesen Stellen in vielen Fällen fest, dass der Verkäufer sprachlos wird. Auch an dem Gesichtsausdruck werden Sie nun erkennen, dass der Verkäufer darauf nicht vorbereitet ist.

Schwerer wird es für Sie als Einkäufer, wenn der Verkäufer durch geschickte Formulierungen ein „JA" oder „NEIN" von Ihnen grundsätzlich ausschließt. Das könnte dann so klingen:

Einkäufer: *„Das ist mir zu teuer."*

Verkäufer: *„Herr Kunde, mit genau den Ihnen angebotenen Komponenten unserer Software erwirtschaften unsere Kunden weltweit eine Prozessoptimierungsrate von größer 25%. Hier reden wir von einigen Milliarden Euros. Mal angenommen, ähnliche Werte werden nach der Einführung in Ihrem Unternehmen erreicht. Über welche Summe würden wir dann reden?"*

Nach der Antwort des Einkäufers haben vorbereitete Verkäufer eine weitere Chance. Genau jetzt ist sein Ziel erreicht. Sie beginnen im Kopf eine Wirtschaftlichkeitsberechnung durchzuführen. Die nächste Frage, denn der Einkäufer wird dem Verkäufer einen (wenn auch nur ungefähren) Wert mitteilen, könnte folgendermaßen lauten:

Verkäufer: *„Was würde das für Sie und Ihr Unternehmen bedeuten?"*

Ihre Antworten kennen wir nicht. Wir wissen allerdings, dass Sie weder mit einem „JA" oder „NEIN" antworten werden.

Wir wissen auch, dass Sie dem Verkäufer positive Aussagen geben werden. Und jetzt ist der Verkäufer wieder am Ball. Die Kommunikation wird auf der Basis Ihrer positiven Aussagen mehr und mehr in Richtung des Verkäufers geführt. Besonders interessant wird es, wenn der Verkäufer Ihnen folgende Frage stellt;

Verkäufer: *„Was würde Ihr Chef dazu sagen?"*

Was würde Ihr Chef tatsächlich dazu sagen, wenn Sie aus der Verhandlung mit einem guten Ergebnis kommen? Was würde es für Sie persönlich bedeuten, wenn Sie dann auch noch von Ihrem Chef gelobt werden? Diese Frage zielt bewusst auf Ihr Image im Einkaufsbereich. Jeder fühlt sich doch wohl, wenn er Gutes abliefern kann. Das „verkaufen" Sie dann auch Ihrem Chef.

16.2 Seitenwechsel: Das Beispiel „Zu teuer" und die Mehrwertkette der Verkäufer

Eine weitere Variante der Einwandbehandlung von Verkäufern ist die Mehrwertkette. In dieser Technik wird neben den Kundenvorteilen (wie im vorherigen Beispiel) zusätzlich noch der Nutzen mit dem Preis in Verbindung gebracht.

Einkäufer: *Das ist mir zu teuer.*

Verkäufer: *Herr Kunde,*

Schritt 1 *in diesem Angebot ist die Schulung der Mitarbeiter, regelmäßige Updates der Programmstände, der Wartungsvertrag für ein Jahr sowie eine permanente Kunden-Hotline enthalten*

Schritt 2 *Das bedeutet für Sie,*

dass alle involvierten Mitarbeiter sofort mit der Software umgehen können und Sie einen sofortigen Produktivitätszuwachs erreichen und

alle Mitarbeiter durch die regelmäßigen Updates immer auf dem aktuellen Stand sind.

Zudem erreichen Sie einen hohen Liquiditätsvorteil, da Ihr Budget durch den inkludierten Wartungsvertrag nicht zusätzlich belastet wird.

Außerdem sparen Sie viel Zeit durch eine direkte Erreichbarkeit, in den Fällen, wo Ihre Mitarbeiter unsere permanent besetzte Hotline in Anspruch nehmen müssen.

Außerdem profitieren Sie von unseren Erfahrungen als Marktführer in diesem Segment. Dadurch sind Sie immer auf dem gleichen Stand wie wir selbst.

Schritt 3   *Das Ganze zu einem Preis von xx,xx € je Tag. Das muss es Ihnen doch wert sein.*

Hier haben wir es mit einer etwas weiter gefassten Form der Einwandbehandlung zu tun. Auch hier wird auf ein „JA" vom Einkäufer gezielt.

16.3 Seitenwechsel: Das Beispiel „Zu teuer" und die Ein- und Weggehen-Strategie

Eine der erfolgreichsten Variante ist das „auf den Preis eingehen und sofort wieder davon weggehen"-Strategie. Viele Verkäufer machen den Fehler und wollen den Preis klein reden. Sie merken nicht, dass sie dem Kunden die Möglichkeit geben, seinen Standpunkt „zu Teuer" zu verteidigen.

Einkäufer: *Das ist mir zu teuer.*

Verkäufer: *Ja genau, Herr Kunde, da stimme ich zu.*

Bestätigung: *Denn der Preis spielt heute eine wesentliche Rolle, und das betrifft ausnahmslos alle Lebenslagen.*

Eingehen: *Gerade in Ihrer Branche ist eine starke Preissensibilität zu spüren. Das wissen wir von unseren anderen Kunden aus Ihrer Branche.*

Weggehen: *Also neben dem Preis, der eine wichtige Rolle spielt, welche anderen Gründe kann es noch geben, die Sie daran hindern, mit uns zusammenzuarbeiten?*

Häufig lässt sich der Gesprächspartner auf die zuletzt gefragte Frage ein und wird mögliche weitere Gründe benennen. Der Preis steht in dieser Phase zunächst nicht zur Diskussion. In dem Moment, in dem der Verkäufer die weiteren Gründe in ein „Was wäre, wenn"-Szenario verpackt, hat er auch wieder die Chance, zu einem Vorabschluss zu kommen. Das hört sich dann so an:

Verkäufer: *„Ok, A, B und C, das sind wichtige Gründe."*

Wenn, dann: *„Nur mal angenommen, genau diese Forderung könnten wir zu Ihrer Zufriedenheit lösen. Wäre das dann eine Basis mit uns zusammenzuarbeiten?"*

So kann eine gute Vorbereitung von Verkäufern aussehen.

MERKE:

> Je besser Sie besser Sie sich darauf vorbereiten, desto weniger Angriffsfläche bieten Sie dem Verkäufer für eine Einwandbehandlung

16.4 Aus eins mach zwei – Die Aussage „Zu teuer" und was der Einkäufer daraus machen kann

In der Rhetorik gibt es die Formel DG = MW. Wenn wir diese Formel übersetzen, heißt das, dass sich das doppelt Gesagte oder Gehörte im Unterbewusstsein des Anderen um ein mehrfaches verankert, und somit viel präsenter bleibt. Diese Formel kennen Sie auch aus der Werbung. Klassiker dieser Verdoppelung sind z.B. folgende Aussagen:

Er läuft, und läuft, und läuft…

oder auch

Ei, Ei, Ei…

Die hier beworbenen Produkte sind Ihnen bestimmt bekannt. Hierbei handelt es sich um den VW Käfer und den Eierlikör von Verpoorten. Diese Formel können Sie zukünftig in Gesprächen, die Sie mit Verkäufern führen, nutzen.

Sie wissen, dass bei vielen Verkäufern die Thematik der Preisgespräche oder der Preisverhandlungen, während ihres ganzen Berufslebens wie ein Damoklesschwert über ihnen schwebt.

Schon allein Ihre Aussage *„zu teuer"* wird bei vielen Verkäufern innerliche Schweißausbrüche hervorrufen.

Diese Angst vor dem Preisgespräch wirkt so stark, dass diese Verkäufer, meist unbewusst, dass Preisthema im Gespräch noch intensivieren.

Versetzen Sie sich in die Lage eines Preisgespräches mit dem Verkäufer. Nutzen Sie den Klassiker, der fast jeden Verkäufer verunsichert.

Einkäufer: *„Zu teuer"*

Bevor der Verkäufer auf diesen Einwand reagiert, wird er Ihre gemachte Aussage wiederholen.

Verkäufer: *„Aha, zu teuer"*

Sofern Sie aufmerksam waren und gut hingehört haben, werden Sie Wiederholungen Ihrer Aussagen bestimmt schon häufiger gehört haben.

Nebenbei bemerkt, auch Sie unterscheiden sich nicht von den Verkäufern. Auch Sie haben bestimmt schon einige Aussagen Ihrer Gesprächspartner wiederholt. Das machen Sie nicht bewusst, Wiederholungen sind ein normaler Reflex in den Situationen, in denen die richtige Antwort, Formulierung oder die passende Einwandbehandlung fehlt.

Sie können an dieser Stelle davon ausgehen, dass sich der Verkäufer mit der Wiederholung des *„Aha, zu teuer"*, diesen Einwand unterbewusst bei sich verstärkt und sich damit in eine noch größere Unsicherheitsphase manövriert. Diese erste Reaktion geht völlig an seiner Motivation, den Einwand zu entkräften, vorbei.

Das ist der erste Baustein, für eine von Ihnen gesteuerte, geistige Verankerung beim Verkäufer. Nun dürfen Sie nicht locker lassen. Gehen Sie davon aus, dass der Verkäufer jetzt mit seiner Einwandbehandlung starten wird. Lassen Sie das jetzt nicht zu. Gehen Sie auf seine Wiederholung des *„Aha, zu teuer"* direkt ein.

Einkäufer: *„Ja, das haben Sie gut erkannt. Es ist zu teuer. Das bekomme ich woanders günstiger."*

Nun ist die Aussage *„zu teuer"* innerhalb weniger Sekunden dreimal ausgesprochen worden. Zweimal von Ihnen und einmal von dem Verkäufer. Zudem haben Sie noch einen weiteren Einwand ins Spiel gebracht. Der Verkäufer wird mit einer weiteren Hürde konfrontiert, die ihm die Einwandbehandlung nochmal schwieriger macht.

Psychologisch gesehen ist diese Situation für den Verkäufer im ersten Schritt nicht lösbar. Denn die wenigsten Verkäufer agieren an dieser Stelle rational. Das hat auch viel mit der eigenen Einstellung zu sich selbst, zu den Produkten und damit zu seinem Unternehmen zu tun. Viele Verkäufer sind der Meinung, dass ihr eigenes Produkt nicht wettbewerbsfähig ist, dass ihre Preise zu hoch sind, dass der Wettbewerber bessere Lieferkonditionen hat. Hören Sie mal bewusst in Ihren eigenen Vertrieb hinein. Sie werden erstaunt sein, was der oder die Wettbewerber Ihres Unternehmens alles besser können und welche Gründe es gibt, aus denen der eine oder andere Verkaufskollege Aufträge genau an diesen Wettbewerber verloren hat. (Es ist sicher kein Geheimnis, dass wir jetzt ausplaudern: *„Es war der Preis"*, stimmt´s?)

Im Kopf unseres Verkäufers laufen nun einige rhetorische Bilder mit den dazugehörigen Konsequenzen ab.

Bild eins:

Er will wissen, mit welchem Wettbewerber er es zu tun hat.

Szenario eins:

> ➢ *„Hoffentlich nicht der XY Anbieter. Da hat der Müller vor zwei Wochen aus Preisgründen verloren."*

Bild zwei:

Er rechnet sofort seine Chancen aus, diesen Auftrag dennoch zu bekommen.

Szenario zwei:

> ➢ *„Wenn es nicht der XY Anbieter ist, habe ich sicher gute Chancen, wenn es allerdings der XY Anbieter ist, sieht es wohl nicht so gut aus. Dann muss ich wohl mit größeren Nachlässen operieren."*

Bild drei:

Er sieht sein eigenes Angebot aufgrund Ihrer Aussage gefährdet.

Szenario drei:

> ➢ *„Das muss verhindert werden. Und wenn es mir nicht gelingt, wie verkaufe ich das nun meinem Verkaufsleiter. Am besten, ich binde ihn in das Verkaufsgespräch ein."*

Das sind und können Szenarien mit vielen negativen Konsequenzen für den Verkäufer sein. Diese menschliche Eigenschaft ist auch der Grund für das unbewusst bevorzugte negative Gedankenspiel.

In erster Linie denken wir darüber nach, was nicht funktioniert.

Dazu ein kleiner Test für Sie.

Stellen Sie sich vor, Sie haben soeben Ihren Führerschein, den Sie ja für Ihren Job brauchen, aufgrund einer hohen Punktzahl in Flensburg, abgeben müssen.

Schreiben Sie fünfzehn Eigenschaften auf, weshalb es für Sie negativ ist, keinen Führerschein zu besitzen.

....

....

....

....

Wir sind überzeugt, dass Sie in den nächsten fünf Minuten eine Seite mit negativen Merkmalen voll schreiben können.

Drehen wir es mal um.

Schreiben Sie nun fünfzehn Eigenschaften auf, weshalb es für Sie positiv ist, keinen Führerschein zu besitzen.

....

....

....

....

....

....

Wir sind uns sicher, dass ein Großteil der Leser sich in den nächsten fünf Minuten sehr schwer tun wird, auch nur sechs bis acht positive Merkmale zu finden. Woran liegt das? Diese Frage ist sicher nicht einfach zu beantworten. Offensichtlich sind wir Menschen so programmiert, dass wir zunächst nur Hindernisse sehen und uns davon leiten lassen.

Das erklärt wohl auch die Unsicherheit, die Verkäufer mal mehr, mal weniger gekonnt vor Lieferanten verstecken, wenn sie dann Fragen nach dem „Weshalb" und „Wieso" zu den Wettbewerbern im Kontext ihres *„zu teuer"*-Einwands stellen müssen.

Denn die Gefahr des Auftragsverlusts lauert stärker denn je. Nun stecken Verkäufer genau in der Situation, die sie verhindern wollten.

Eins ist auf alle Fälle sicher. Es ist Ihnen mit dieser Vorgehensweise gelungen, den Verkäufer zu verunsichern. Ihm bleibt keine andere Wahl, als sich auf eine Diskussion mit Ihnen einzulassen. Im Grund genommen hat er sich den Druck durch die Doppelung des „Aha, zu teuer" selbst aufgebaut. Es ist Ihr gutes Recht, mehr daraus zu machen.

17. Kommunikationstool „Einwandbehandlung"

Generell sollten Sie niemals davon ausgehen, dass jeder Lieferant, den Sie gezielt für eine Angebotsabgabe ansprechen, auch tatsächlich mit Ihnen zusammenarbeiten will. Die von Ihnen als strategisch definierten

Lieferanten Ihres Unternehmens schließen wir aus dieser Aussage bewusst aus. Bleiben wir bei den bevorzugten und den austauschbaren Lieferanten Ihres Unternehmens. Viele Verkäufer wissen nicht, welchen Stellenwert ihr Unternehmen bei Ihnen einnimmt. Daraus ergeben sich viele Gründe für einen Lieferanten, nicht mit Ihnen zusammen zu arbeiten. Es gibt sicher viele Verkäufer, die immer wieder auf Ihre Anfragen eingehen, Angebote erstellen, mit Ihnen reden und versuchen mit Ihnen ins Geschäft zu kommen. Denken Sie nur an die vielen Telefonverhandlungen, die Sie mit den Verkäufern führen ohne Sie persönlich zu kennen. Persönliche Gesprächstermine lehnen viele Einkäufer (mit vorgeschobenen Begründungen) ab. Ihr Ziel als Einkäufer besteht in vielen Situationen darin, zwei oder drei Vergleichsangebote einzuholen, weil es

> die Strategie Ihres Einkaufsbereiches vorschreibt

> Sie damit Ihren bevorzugten Lieferanten zu weiteren, wichtigen Zugeständnissen bewegen können.

Das ist auch vielen Verkäufern bewusst. Unabhängig davon, dass Sie mit dieser Vorgehensweise mögliche „bessere" Lieferanten nicht erkennen, erhalten Sie auch nur „Standard-Angebote". Die Verkäufer, die es schaffen, mit Ihnen in Kontakt zu kommen, stellen dann die eine oder andere Bedingung auf. Sie sind bereit, beispielsweise den Preis zu reduzieren, nur um mit Ihnen ein Erstgeschäft zu tätigen.

„Herr Einkäufer, ich bin bereit, Ihre Preisvorstellung zu erfüllen. Allerdings unter der Voraussetzung, dass Sie mir die Zusage für weitere Lieferungen geben. Wir können dann…"

Dieses Vorgehen ist verbunden mit der Hoffnung, dass danach die Zusammenarbeit weitergeführt wird. Die Bedingung, „wenn – dann" ist auch eine Form des Widerstandes. Widerstände und Einwände des Lieferanten können verschiedene Ursachen haben. Es ist deshalb wichtig, dass Sie erkennen, welche der möglichen Ursachen in der Verhandlungssituation zum Tragen kommen.

Grundsätzlich haben wir es mit drei wesentlichen Faktoren zu tun. Der Widerstand kann sich auf die konkrete Forderung, Sie, den Einkäufer oder auf Ihr Unternehmen beziehen.

Gegen den Einkäufer oder gegen das Unternehmen gerichtete Widerstände können beispielsweise folgende Ursachen haben:

> Das Unternehmen bzw. der Einkäufer tritt nicht professionell bzw. kompetent auf

> Ihr Unternehmen hat ein negatives Image

> Dieser Lieferant hat bereits einmal schlechte Erfahrungen mit Ihrem Unternehmen, bzw. mit einem Einkäufer/Mitarbeiter des Unternehmens gemacht

> Sie, der Einkäufer, treten negativ in Erscheinung

> Ihr Lieferant hat ein starkes Standing am Markt und ist auf Ihr Unternehmen nicht angewiesen

Weitere Einwände und Widerstände können sich natürlich gegen Sie persönlich oder gegen Ihr Unternehmen richten. Wenn Sie den Eindruck gewinnen, dass Sie mit dem Verkäufer nicht gut auskommen, sich nicht verstehen oder Ablehnung spüren, sollten Sie die Person wechseln. Es macht keinen Sinn, an diesem Projekt weiterzuarbeiten. Hier verschwenden Sie Zeit.

Hat dieser Lieferant bereits einmal schlechte Erfahrungen mit Ihrem Unternehmen gemacht, liegt es an Ihrer Persönlichkeit den Lieferanten wieder zu gewinnen, sofern er für Ihr Unternehmen wichtig ist oder sein kann. Darauf müssen Sie sich gut vorbereiten und sicher auch mehr tun als gewöhnlich. Die Ängste des Lieferanten sind tiefer verwurzelt als die Bereitschaft, sich auf Grund negativer Erfahrungen mit Ihnen einzulassen.

Einer der wichtigsten Gründe von Einwänden und Widerständen ist jedoch die Hilflosigkeit von Verkäufern in den Verhandlungsgesprächen.

Die häufigsten Einwände / Widerstände von Verkäufern beziehen sich auf Ihre konkreten Forderungen und damit aus Verkäufersicht die Angst vor Auftrags-, Image- und Provisionsverlust.

17.1   Wodurch entstehen Einwände und Vorwände?

Einwände signalisieren neben grundsätzlichem Interesse häufig ein Informationsdefizit. Darüber hinaus sind Einwände oftmals der Ausdruck von Angst. Diese Ur-Angst ist ein Gefühl aus dem Unterbewusstsein heraus, deren Basis sich auf fünf Gründe zurückführen lässt. Wenn wir „unter Angst" stehen, also emotional reagieren, helfen logische Argumente nicht weiter. So geht es auch unseren Gesprächspartnern. Deshalb ist es unser Ziel, diese Ängste erst gar nicht entstehen zu lassen, sondern die positiven Emotionen unseres Gesprächspartners durch die Verbindung seiner Motive mit unserer Forderung zu wecken. Dann hat sein Unterbewusstsein keine Zeit mehr, Angst zu haben.

17.1.1 Ängste – die Ursache von Einwänden

Angst vor Veränderung

Veränderung ist eine sehr weit verbreitete Angst, die sich in allen Lebenslagen widerspiegelt. Denn Veränderung bedeutet meist, Altbekanntes aufzugeben und in eine neue Welt einzutauchen. Viele Menschen trauen sich solche Schritte nicht zu, z.B. in eine fremde Stadt zu ziehen, einen neuen Job anzutreten, den Lieferanten zu wechseln, denn sie fürchten sich davor, ihre Sicherheit zu verlieren.

Angst wegen schlechter Erfahrung

Wir haben eine Entscheidung getroffen, und diese führte zu einem schlechten Ergebnis. Was folgt, wir sind enttäuscht und werden versuchen, vergleichbare Situationen künftig zu meiden oder „abzusichern".

Angst vor Kompetenz

Unsere Kompetenz ist gering, dafür wirkt der Verkäufer umso kompetenter. In dieser Konstellation haben wir Angst, rasiert zu werden.

Die Kompetenz des Verkäufers ist gering. Wir als Kunde fühlen uns nicht geborgen.

Angst vor Beeinflussung

Wir haben Angst manipuliert zu werden. Massive Werbeaussagen, übereifrige Verkäufer, zu viele positive Aussagen, führen unter Umständen genau zum Gegenteil. Wir blocken den Lieferanten ab.

Angst vor dem falschen Zeitpunkt

Ärger, schlechte Stimmung, Zeitnot, Sorgen sind Stressfaktoren. Diese verursachen die Angst, zu einem falschen Zeitpunkt eine Entscheidung zu treffen. Wir warten auf bessere Zeiten.

17.1.2 Die mentale Vorbereitung

Betrachten Sie die Einwände Ihrer Gesprächspartner als Meilensteine auf dem Weg zu Ihrem Erfolg. Also unbedingt willkommene und wichtige Ereignisse! Einwände entstehen oftmals aus fehlenden oder falschen Informationen oder auch aus Unsicherheiten. Einwände sind immer auch ein Zeichen von Interesse. Ein Lieferant, der nie einen Einwand bringt, bei dem werden Sie nicht kaufen. Also freuen Sie sich ab sofort über „das Salz in der Suppe" bei Ihren Gesprächen!

Argumente gegen Ihren Vorschlag lassen sich nach Bedingungen, Einwänden und Vorwänden differenzieren. Es ist wichtig für Sie herauszufinden, welcher Kategorie Sie das Argument zuordnen müssen, denn Ihre Reaktionen und Antworten können darauf abgestimmt werden. Achtung! Ein Argument kann für einen Lieferanten ein Vorwand sein, für einen anderen stellt es eine Bedingung dar! Damit Sie in jedem Fall richtig reagieren, ist die individuelle Klärung besonders wichtig.

17.2 Einwand und Widerstandsarten

Ursachen und Gründe für Einwände und Widerstände können an dieser Stelle noch einmal differenziert und in Kategorien gegliedert werden.

In der Praxis haben wir es häufig mit

> ➢ Bedingungen und subjektiven Einwänden

> ➢ Vorwänden (Ausreden)

> ➢ Vorurteilen und emotionalen Einwänden

> ➢ stummen Einwänden

zu tun.

Subjektive (auch gerechtfertigte) Einwände und Bedingungen sind grundsätzlich positiv zu bewerten, da sie Einkäufern zeigen, dass dieser Lieferant Interesse an einer Zusammenarbeit hat, mehr Informationen erwartet, und eine nähere Auseinandersetzung mit uns und unserem Angebot oder Forderung wünscht.

Vorwände sind Scheingründe, um den echten Einwand zu verbergen. Im Grunde genommen können wir von Fluchtversuchen reden. Häufige Ursachen dafür sind mangelnde Entscheidungskompetenzen. (Die Frage, die Sie sich dann stellen lassen müssen, ist die, ob Sie mit dem richtigen Gesprächspartner reden.) Vielen Menschen fällt es auch schwer einfach mal „Nein" zu sagen.

Vorurteile und emotionale Einwände haben häufig keinen Bezug zum Angebot. Hier gilt es Ursachenforschung zu betreiben. Für dieses Verhalten wird es auf der Lieferantenseite Gründe geben. Diese sollten Sie kennen lernen. Es kann auch sein, dass Sie als Einkäufer gezielt von Ihrem Gesprächspartner provoziert werden. Denken Sie hierbei ans Maverick Buying. Wie würden Sie reagieren, wenn Ihnen der Verkäufer sagt, dass sich der Fachbereichsleiter doch bereits entschieden hat und Sie für die Abwicklungsroutinen noch mit dem Verkäufer reden sollten?

Gerade in Zeiten wirtschaftlichen Drucks ist das eine beliebte Strategie von Verkäufern.

Gefährlich für jeden Einkäufer sind die „stummen Einwände." Es gibt viele Lieferanten, die ihre Verärgerung oder ihre Enttäuschung nicht artikulieren. „Stumme Einwände" werden häufig durch Einkäufer selbst generiert, ohne dass sie es merken oder es ihnen bewusst ist. „Stumme Einwände" müssen nicht immer etwas mit dem Angebot / Forderung des Lieferanten zu tun haben.

Die Kunst, mit Einwänden und Widerständen partnerschaftlich umzugehen, im richtigen Moment das Tor zur Weiterführung des Gespräches öffnen, zum Abschluss zu steuern, gehört unverändert mit zum wichtigsten Erfolgs-Repertoire eines Einkäufers.

17.2.1 Vorwand – Ausrede

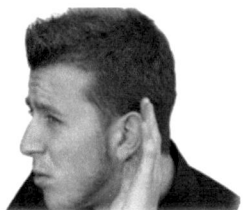

Abbildung 7:   Einwandbehandlung / Zuhören

Wie erkennt man einen Vorwand? Durch hellwaches Zuhören! (Diese einfache Regel wird Ihnen übrigens noch mehrmals begegnen.) Außerdem durch genaues Hinsehen (Mimik, Gestik, Körpersprache), durch „zwischen – den – Zeilen – verstehen" lernen, durch auf den Punkt gebrachte Fragen, durch ihren „sechsten Sinn", den man übrigens trainieren kann und durch das Registrieren von Aussagen, die nicht in die bisherige Argumentationslinie des Kunden zu passen scheinen.

17.2.2 Vorurteile und vorgefasste Meinungen

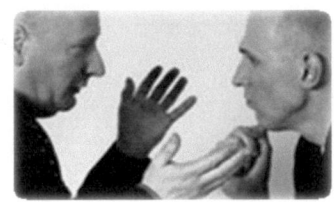

Abbildung 8: Einwandbehandlung / Vorurteile

Diese Einwände sind mühselig, ja manchmal sogar müßig zu beantworten. Wenn der Lieferant immer wieder behauptet, *„dieses pink-gelb lackierte Auto ist in der Farbgestaltung absolut harmonisch"*, dann können Sie nur sagen: *„Sie haben recht, pink-gelb ist nicht unbedingt jedermanns Geschmack."*

Oder wenn die Verkäuferin nicht von der Meinung abrückt, *„dieses meistverkaufte Parfum riecht bei Ihnen besonders angenehm"*, kann die Antwort nur lauten: *„Es ist zwar das am meisten gekaufte Parfum, aber selbstverständlich ist der individuelle Geschmack differenzierter, nur..."*

Oder wenn ein Techniker behauptet, *„die Maschine ist aber laut"*, könnte die Antwort lauten: *„Sie haben natürlich recht, die Phonstärke kann noch so niedrig sein, wie in unserem Fall amtlich durch Prüfzeugnisse nachgewiesen, individuell empfindet sie jeder Mensch anders."*

Vorurteile und vorgefasste Meinungen resultieren meistens aus persönlichen, subjektiv und emotional gefärbten Ansichten. Oft lohnt sich die Anstrengung nicht, den Kunden von seiner Meinung abzubringen. Dann ist es vernünftiger, den Einwand zu überhören und mit der eigenen Argumentation fortzufahren oder nur kurz darauf einzugehen und dann das Gespräch weiter vorwärts zu treiben. Verkneifen Sie sich jede weitere Vertiefung. Es ist töricht, sich in Kundeneinwände dieser Art zu verbeißen, vor allem dann, wenn sie keinen Einfluss auf den Gesprächsausgang haben.

17.2.3 Stumme Einwände

Abbildung 9:   Einwandbehandlung / Stumme Einwände

Wer verärgert oder enttäuscht ist, ohne es zu artikulieren, mit dem ist immer schwer umzugehen. Negative Gefühle und unausgesprochene Einwände, die praktisch im Verborgenen blühen, wachsen und gedeihen, können gefährlich werden, wenn der Verhandler keine Gelegenheit hat, sie kennen zu lernen und sich damit auseinander zu setzen!

Nicht ausschließlich, aber häufig sind „stumme Einwände" die Folge von:

> eigener Vielrednerei. Der Gesprächspartner kommt nicht zu Wort, und baut alleine schon dadurch Einwände und Widerstände auf

> Übertreibungen in der Argumentation und Gesprächsführung

> Behauptungen, die nicht bewiesen werden

> Der eine versteht nicht, was der andere sagt. Die Gesprächspartner senden und empfangen nicht auf der gleichen Wellenlänge

> Der eine beobachtet nicht sorgfältig die Mimik und Gestik des anderen. Er stellt keine Kontrollfragen

> Der Gesprächspartner hat von Vermutungen oder von Gerüchten gehört, er misstraut Ihnen und Ihrer Firma

> Ressentiments (heimliche Wut, Ärger, Groll) aus der Vergangenheit

> Der Gesprächspartner löst die Einwände durch sein eigenes Verhalten aus (durch Oberflächlichkeit, Arroganz, Lässigkeit, Unvorbereitet sein, Unaufmerksamkeit, Unpünktlichkeit etc.). Der eine verfügt über zu wenig Fachwissen, so dass beim anderen Misstrauen aufkommt

> unvollständigem und unordentlichem Unterlagenmaterial

17.2.4 Emotionale Einwände

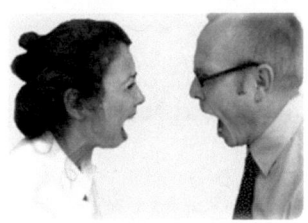

Abbildung 10:   Einwandbehandlung / Emotionale Einwände

Auch wenn viele Geschäftsleute es nicht wahrhaben wollen, der Mensch lässt sich zu über 90% von seinen Gefühlen und Emotionen leiten. Gefühlsbetonte Einwände können ihren Ursprung im (zu) starken Geltungsbedürfnis des Gesprächspartners haben, im Prestige-Denken, in der Launenhaftigkeit und Egozentrik. Oder sie resultieren aus dem latent vorhandenen Widerspruchsgeist und Eigensinn. Sie können aber genauso aus einer Art von Hilflosigkeit herrühren und dem Gefühl entspringen, sich wehren zu müssen. Viele Einkäufer demonstrieren sehr gerne ihre Wichtigkeit und Position. Als Resultat zeigt der Lieferant natürlich auch seine Muskeln und bringt Einwände.

Besser ist es sich zurücknehmen! Das bedeutet aber keinesfalls, sich dem Partner andächtig ergeben zu zeigen. Sich zurücknehmen heißt auch: Nicht als Supermann, als Alleswisser und Könner auftreten, denn Intelligenzbestien sind den meisten Gesprächspartnern suspekt.

Auch so manchen emotionalen Einwand können Sie einfach überhören.

Auf keinen Fall sollten Sie beleidigt, sarkastisch oder überempfindlich reagieren. Humor ist dagegen eine wirkungsvoll freundliche Waffe. Ein Lächeln kann viel bewirken. Nicht umsonst heißt es „mit entwaffnender Liebenswürdigkeit".

Grundsätzlich gilt:

Je besser Sie bereits vorher das Feld aufbereitet haben, desto weniger Angriffsfläche bieten Sie dem Gesprächspartner für Einwände, egal welcher Art diese sind.

Aufbereitet heißt in diesem Zusammenhang:

> ➤ auf die Bedürfnisse, Wünsche, Probleme, Verkaufsmotive gezielt eingehen

> ➤ ein auf den Partner maßgeschneidertes Angebot servieren

> individuelle Vorteile und Nutzen überzeugend darstellen

> den Interaktionsprozess, die Interessenverhandlung partnerschaftlich führen

Auf boshafte emotionale Einwände reagieren Sie, wenn überhaupt, mit einer Gegenfrage. Sie geben das „markanteste Einwandswort" in Frageform an den Partner zurück.

17.2.5 Sachlich objektive Einwände

Abbildung 11:   Einwandbehandlung / Sachliche Einwände

Bei sachlich objektiven Einwänden kann der Gesprächspartner seine Kompetenz beweisen. Der Partner steht im Mittelpunkt, nicht Sie. Leider sehen manche Einkäufer den Umgang mit Einwänden als Kampf, aus dem sie unbedingt als Sieger hervorgehen müssen. Das gilt im Übrigen auch für Verkäufer. Doch eine gewonnene Diskussion ist noch lange nicht die Basis für eine Zustimmung. Sachliche Einwände verlangen sachliche Antworten. Ob sofort, im Laufe des Gesprächs oder erst nach dem Gespräch (per Telefon, Fax oder Brief), muss der Einkäufer entscheiden. Sachliche Einwände lassen in der Regel keine psychologischen Tricks, Finten oder Spezial-Taktiken zu. Hier zählt nur die Wahrheit, auch wenn diese für den Einkäufer schmerzlich sein könnte. Alles hängt nun von Ihrer Argumentation ab. Deshalb ist auch die Vorbereitung auf das Verhandlungsgespräch erfolgsentscheidend.

17.3 LAO – Die Formel zur Einwandbehandlung

Einwände sind wie Weihnachten. Weihnachten fällt in jedem Jahr auf den 24. Dezember. Dennoch werden Millionen von Menschen in jedem Jahr wieder vom magischen Datum, dem Weihnachtsdatum, überrascht, fallen in Hektik, fühlen sich gestresst und unglücklich. Ebenso geht es vielen Einkäufern in Verhandlungen, wenn sie mit Einwänden konfrontiert werden. Sie fühlen sich bei jedem Gespräch erneut betroffen und getroffen, wenn ihr Gesprächspartner die Verhandlung durch seine Einwände stört. Sie ringen um die richtige Antwort und sind nach dem Gespräch oft unzufrieden und unglücklich.

Die meisten Einwände von Verkäufern sind Ihnen bekannt, diese haben Sie auch schon im Laufe Ihrer Einkaufstätigkeit in vielen Verhandlungen gehört.

Verkäufer sind häufig nicht sehr kreativ, wenn es um die Ablehnung einer Forderung geht. Allerdings reagieren Sie sehr schnell mit antrainierten Aussagen. Einige dieser Einwände werden Sie auf den nachstehenden Seiten kennenlernen.

Zukünftig sind Sie mit drei einfachen Schritten in der Lage das Gespräch sofort wieder in Ihre Richtung zu bringen und damit den Einwand zu entkräften. Mit dieser Formel nehmen Sie dem Lieferanten den Einwand weg. Häufig wird aus dem Einwand eine Zustimmung für Ihre Forderung. Lassen Sie sich in dieser Situation nicht reizen, sondern führen Sie freundlich und bestimmend den Lieferanten.

Bringt der Lieferant einen Einwand vor, so sollten Sie folgendermaßen vorgehen:

Erstens: Verständnis zeigen durch eine dezente Anerkennung

Zweitens: Eine zum Einwand passende Aussage treffen

Drittens: Eine offene Frage zur Weiterführung stellen

Somit verkauft sich der Gesprächspartner seinen Einwand selbst, und Sie führen ihn in die gewünschte Richtung.

Gehen Sie davon aus, dass viele der nachfolgenden Verkäuferaussagen aus der Hilflosigkeit resultieren.

Werten Sie Ihren Gesprächspartner durch ein Lob oder durch eine anerkennende Aussage auf. Geben Sie Ihm eine Antwort auf den Einwand oder reagieren Sie mit einer Aussage. Zuletzt stellen Sie Ihm eine offene Frage oder formulieren Sie ein „Was wäre, wenn"-Szenario. Dieses sollte allerdings so gestellt und formuliert sein, dass Sie ihn wieder in Ihre Richtung bringen.

17.3.1 Beispiele für die LAO Formel

Lieferanteneinwand	**Unsere Preise sind seit Jahren stabil**
Lob / Anerkennung	Das zeichnet Sie auch aus. Aus diesem Grund hat sich unsere Zusammenarbeit ja auch so positiv entwickelt.
Aussage	Eine Preiserhöhung würde für uns bedeuten, dass wir ab sofort auch über andere Alternativen nachdenken müssen, zum Beispiel über andere Lieferanten, etc.
Offene Frage	Nur mal angenommen, wir würden den Umsatz nun mit einem anderen Lieferanten machen, was würde das für Sie bedeuten?
Lieferanteneinwand	**Wir machen keinen Gewinn dabei**
Lob / Anerkennung	Schön, dass sie das so offen ansprechen.
Aussage	Da wir auf eine langfristige gesunde Zusammenarbeit Wert legen, bedeutet es dann ja sicherlich, dass wir uns in Zukunft um einen anderen Lieferanten bemühen müssen.
Offene Frage	Wen von Ihren Wettbewerbern würden Sie uns empfehlen?

Zugegebenermaßen ist das schon ein etwas härterer Ansatz. Hier wird der Verkäufer immer versuchen, mögliche Alternativen aufzuzeigen. Auch hier kann von einer schnellen Bereitschaft zu Vorschlägen und zum Entgegenkommen ausgegangen werden. Kein Verkäufer möchte ein Geschäft verlieren.

Diese sehr effektive Formel funktioniert in fast allen Fällen, wenn Sie es mit Aussagen, Einwänden, Beschwerden, Bedenken o.ä. zu tun haben.

Achten Sie darauf, dass bei jedem einzelnen Einwand alle drei Schritte vorgenommen werden.

17.3.2 21 klassische Einwände von Verkäufern und die passenden Antwortstrategien

Der Einwand „Wir liefern beste Technologie."

Lob / Anerkennung	Schön, dass Sie so hinter Ihren Produkten stehen.
Aussage	Beste Technologie ist die Basis, und einer von vielen Gründen für eine mögliche Zusammenarbeit mit uns.
Offene Frage	Mit welchen Highlights heben Sie sich konkret vom Wettbewerb ab?
Alternativ	Was sind Ihre besonderen Merkmale gegenüber dem Wettbewerber XY?

Der Einwand „Der Listenpreis gilt weltweit. Da gibt es keine Ausnahme."

Lob / Anerkennung	Ich finde Ihre Philosophie toll.
Aussage	Jedes Unternehmen ist doch daran interessiert, neue Kunden zu gewinnen. Sie bestimmt auch.
Offene Frage	Welche Gründe sollte es Ihrer Meinung nach geben, diesen Preis zu akzeptieren?
Alternativ	Welche anderen Leistungen können Sie uns denn bieten, die wir ohne Berechnung von Ihnen bekommen?

Der Einwand „Bei dem Volumen keine Preisreduzierung."

Lob / Anerkennung	Wie ich höre, haben Sie sich auf unsere Abnahmemengen gut vorbereitet.
Aussage	Abnahmemengen spielen in jeder Kalkulation eine große Rolle.

Offene Frage	Welche Gründe sollte es Ihrer Meinung nach geben, diesen Preis zu akzeptieren?
Alternativ	Bei welchem Volumen können wir mit einer Preisreduzierung rechnen?
Alternativ	Wie sie selber wissen, ist der Preis nicht alles. Welche anderen Leistungen können sie uns denn bieten, die wir ohne Berechnung von Ihnen bekommen?

Die Einwände „Sie bekommen schon den besten Preis / Das ist unser Preis / Kein Preisspielraum mehr / Sind absolute Nettopreise"

Lob / Anerkennung	Danke für die offene Aussage. Sie wissen natürlich, dass ich das jetzt schwer überprüfen kann.
Aussage	Eine gute Partnerschaft zeichnet sich durch ein faires Miteinander aus.
Offene Frage	Welche Möglichkeiten zur Preisüberprüfung bieten Sie mir nun an?
Alternativ	Welche Vergleichszahlen können Sie mir vorlegen?

Der Einwand „Bereits Optimum erreicht."

Lob / Anerkennung	Danke für die offene Aussage. Sie wissen natürlich, dass ich das jetzt schwer überprüfen kann.
Aussage	Eine gute Partnerschaft zeichnet sich durch ein faires Miteinander aus.
Offene Frage	Wie sie selber wissen, ist der Preis nicht alles. Welche anderen Leistungen können Sie uns denn bieten, die wir ohne Berechnung von Ihnen bekommen?
Alternativ	Wie sie selber wissen, ist der Preis nicht alles. Welche zusätzlichen Vorschläge können Sie uns denn für Folgeaufträge machen?

Der Einwand „Bei keinem anderen Kunden kann ich so viel Preisnachlass geben."

Lob / Anerkennung	Danke für die klare Aussage.
Aussage	Schön, dass Sie alle Kunden gleich gut behandeln wollen. Besondere Kunden sollten auch besonders behandelt werden.
Offene Frage	Welchen Stellenwert haben wir denn bei Ihnen?
Alternativ	Welche Möglichkeiten zur Angebots / Preisüberprüfung bieten Sie mir nun an?

Der Einwand „Dann wäre unser erstes Angebot nicht ehrlich."

Lob / Anerkennung	Ich denke nicht, dass Sie uns ein unehrliches Angebot unterbreiten würden.
Aussage	Eine gute Partnerschaft zeichnet sich durch ein faires Miteinander aus. Unter Umständen haben Sie nur noch nicht alle Möglichkeiten ausgeschöpft.
Offene Frage	Welche Möglichkeiten zur Angebots / Preisüberprüfung bieten Sie mir nun an?

Der Einwand „Umsatzerwartungen nicht erfüllt."

Lob / Anerkennung	Sie haben sich gut vorbereitet.
Aussage	Da sprechen die vorliegenden Zahlen natürlich eine klare Sprache. Wettbewerbsfähig zu bleiben bedeutet auch, auf gute Konditionen zurückgreifen zu können.
Alternativ	Um wettbewerbsfähig zu bleiben, sind wir jedoch auf diese Konditionen angewiesen.
Offene Frage	Welche Möglichkeiten sehen Sie da? Wie können Sie uns weiterhelfen?
Alternativ	Welche Möglichkeiten zur Angebots / Preisüberprüfung bieten Sie mir nun an?

Der Einwand „Nachfrage zu groß."

Lob / Anerkennung	Ich freue mich, dass es Ihnen so gut geht.
Aussage	Allerdings, das zeigen uns die Erfahrungen, werden sich diese Zeiten auch wieder ändern.
Offene Frage	Nur mal angenommen, dass Sie dann auf jeden Verkauf angewiesen wären, wie wichtig wäre Ihnen dann eine Partnerschaft mit uns?
Alternativ	Damit wir aber auch in für sie schlechteren Zeiten ein guter Partner sind, würde eine umgehende Belieferung / Preisangleichung die Basis einer langfristigen Zusammenarbeit sein. Was würden Sie heute dafür tun?

Der Einwand „Absatzschwierigkeiten."

Lob / Anerkennung	Schön, dass Sie Ihre Herausforderungen so offen ansprechen.
Aussage	Viele unserer Lieferanten klagen über die jetzige Marktsituation. Daher sollten wir heute die Basis für eine erfolgreiche gemeinsame Zusammenarbeit legen.
Offene Frage	An welche Möglichkeiten unseren Wünschen zu entsprechen denken Sie gerade?

Der Einwand „Zulieferer kann nicht liefern."

Lob / Anerkennung	Schön, dass Sie Ihre Herausforderungen so offen ansprechen.
Aussage	Auch für uns ist es ein Problem, wenn wir uns auf unsere Lieferanten nicht verlassen können.
Offene Frage	Welche Möglichkeit sehen Sie, einen anderen Zulieferer zu bekommen oder können Sie mir einen ihrer Wettbewerber nennen, der uns beliefern kann?

Der Einwand „Bessere Qualität."

Lob / Anerkennung	Ich freue mich, dass Sie so hinter Ihrem Produkt / Unternehmen stehen.
oder	Ich freue mich, dass Ihr Unternehmen so qualitätsbewusst ist.
Aussage	Beste Qualität ist die Basis und einer von vielen Gründen für eine mögliche Zusammenarbeit mit uns.
Offene Frage	Was unterscheidet Sie konkret vom Wettbewerb?

Der Einwand „Qualität kann z. Zt. nicht geliefert werden."

Lob / Anerkennung	Schön, dass Sie so ehrlich sind.
Aussage	Auch für uns ist es ein Problem, wenn wir uns auf unsere Lieferanten nicht verlassen können. Die gewünschte Qualität ist heute und auch zukünftig die Basis für unsere Zusammenarbeit.
Offene Frage	Welche Möglichkeit sehen Sie, einen anderen Zulieferer zu bekommen oder können Sie mir einen Ihrer Wettbewerber nennen, der uns beliefern kann?
Alternativ	Welche Maßnahmen können Sie einleiten, um die von uns gewünschte Qualität zu liefern?
Alternativ	Welcher Ihrer Wettbewerber liefert die geforderte Qualität?

Der Einwand „Das wurde in der Vergangenheit immer so gemacht."

Lob / Anerkennung	Danke für Ihre offene Aussage.
Aussage	Es freut mich, dass Ihr Unternehmen so traditionsbewusst ist.
Offene Frage	Welche Möglichkeit sehen Sie, von Ihren bisherigen Vorgehensweisen abzuweichen?

Der Einwand „Sie stellen zu hohe Forderungen."

Lob / Anerkennung	Danke für Ihre offene Aussage.
Aussage	Aktuelle Wettbewerbsanalysen zeigen auf, dass wir mit unseren Forderungen das Limit noch nicht erreicht haben. Sie entsprechen unserem Anspruch an einen Lieferanten.
Offene Frage	Welche Wettbewerbsanalyse haben Sie für Ihre Kalkulationsbasis herangezogen?

Der Einwand „Keine Direktlieferungen."

Lob / Anerkennung	Ich freue mich, dass Sie Ihre Vertriebspartner schützen.
Aussage	Unsere Philosophie besagt, dass wir nur mit Herstellern zusammenarbeiten.
Offene Frage	Wie interessant wären unsere Abnahmemengen für Sie?
Alternativ	Welche Möglichkeit können Sie sich unter diesem Gesichtspunkt vorstellen?

Der Einwand „Bester Service."

Lob / Anerkennung	Ich freue mich, dass Sie so hinter Ihrem Produkt / Unternehmen stehen.
Aussage	Wenn ich Sie richtig verstehe, wird in Ihrem Unternehmen auf Dienstleistung viel Wert gelegt.
Offene Frage	Was gehört denn bei Ihnen zum Service?
	Wodurch zeichnet sich Ihr Service aus?

Der Einwand „Geringe Folgekosten."

Lob / Anerkennung	Das zeigt mir, dass Sie Ihre Wettbewerber sehr gut kennen.
Aussage	Folgekosten spielen in jeder Kalkulation eine große Rolle.

Offene Frage	Welche Vergleichszahlen können Sie mir vorlegen?

Der Einwand „Mir sind die Hände durch Unternehmensvorgaben gebunden."

Lob / Anerkennung	Da geht es mir genauso wie Ihnen.
Aussage	Auch in unserem Unternehmen sind die Kompetenzen auf verschiedene Hierarchie-Ebenen verteilt.
Offene Frage	Wer ist denn für mich der nächste Ansprechpartner in Ihrem Hause?

WORKSHEET

Formulieren Sie eigene Beispiele für die Einwand-behandlung

EINWAND

....

....

Lob / Anerkennung

....

....

Aussage

....

....

Offene Frage

....

....

EINWAND

....

....

Lob / Anerkennung

....

....

Aussage

....

....

Offene Frage

....

....

17.4 Die Reziprozitätsregel als Basis für eine Einwand-verhindernde Aktion

Wenn uns jemand hilft, wollen wir ihm natürlich auch helfen, wenn uns jemand einen Gefallen erweist, wollen wir ihm auch einen Gefallen erweisen. Dieser Wunsch nach einem Ausgleich ist tief in uns verwurzelt. Die Reziprozitätsregel besagt, dass Menschen, wenn sie etwas erhalten, motiviert sind, eine Gegenleistung zu erbringen. Ein Beschenkter fühlt sich aufgefordert, ein Gegengeschenk zu erbringen.

Ein Alltagsbeispiel für eine Reziprozitätsregel:

Sie stehen bei Ihrem Bäcker an der Theke. Die Verkäuferin bietet Ihnen ein Stückchen von einem besonderen Apfelkuchen an, der neu im Angebot ist. Diese Kostprobe soll Sie zum Kauf von diesem Apfelkuchen verleiten.

Wie oft haben Sie schon zugegriffen und danach gekauft?

Das Prinzip „Geben und Nehmen" hat gewirkt.

Diese Regel ist die Basis für eine weitere Alternative mit Einwänden umzugehen. Es ist die „Einwand-verhindernde Aktion". Aufmerksame Einkäufer erkennen sehr schnell, welche Einwände in den Verhandlungen häufig genannt werden, bzw. mit welchen Einwänden gerechnet werden kann.

Nachstehend ein Beispiel für eine Einwand-verhindernde Aktion.

Sie kennen den Verkäufer nun aus mehreren Kontakten und erwarten im Grunde genommen, dass er auf Ihre Forderung einer Preisreduzierung nicht eingehen will. Der von Ihnen erwartete Verkäufereinwand könnte so lauten:

„Herr Einkäufer, unsere Preise halten wir seit Jahren stabil. Da ist keine Preisreduzierung möglich."

Bevor Sie nun Ihre Forderung nach einer Preisreduzierung stellen, sollten Sie folgendermaßen vorgehen.

Schritt 1:

Leiten Sie die Einwand-verhindernde Aktion sanft mit einer zum Thema passende Aussage ein, z.B.

> **Einkäufer:**
>
> *„Herr Verkäufer, über die Gründe unserer (langjährigen oder möglichen) Partnerschaft haben Sie sich sicher auch schon Gedanken gemacht."*

Schritt 2:

Bringen Sie nun den von Ihnen erwarteten Einwand selbst ins Spiel.

> **Einkäufer:**
>
> *„Mir ist bekannt, dass Sie Ihre Preise seit Jahren stabil halten. Das bringt uns in der jetzigen Situation allerdings nicht weiter."*

Schritt 3:

Stellen Sie ihm jetzt die für Sie wichtige Frage.

> **Einkäufer:**
>
> *„Wie kann ich Sie dabei unterstützen, uns mit einer Reduzierung zu helfen und damit Ihrem Unternehmen eine weitere Partnerschaft mit uns zu ermöglichen?"*

Der Verkäufer wird Sie sehr häufig nach weiteren Möglichkeiten einer Zusammenarbeit fragen. Es ist die Entscheidung des Einkäufers, wie und welche zukünftige Möglichkeiten er nun weitergibt. In der Regel werden hier mögliche Chancen für zusätzliche Verkäufe vom Einkäufer angedeutet. An dieser Stelle wird der Verkäufer zum Anwalt des Kunden. Sofern der Verkäufer die Kompetenz zur Preisreduktion hat, wird er dieser in vielen Fällen in Verbindung mit weiteren Verkaufschancen zustimmen.

Ist diese Kompetenz nicht vorhanden, wird er bei internen Gesprächen mit seinen Vorgesetzten Ihre Gründe und die damit verbundenen Zukunftsaussichten für weitere Umsätze verteidigen und um eine Reduktion (in vielen Fällen auch erfolgreich) kämpfen.

So unterstützt diese Methode den Einkäufer:

> ➢ Der Einkäufer entscheidet selbst, wann der oder die Einwände „ins Spiel" gebracht werden
>
> ➢ Das Prinzip des „Geben und Nehmen" schafft vielfach weitere Möglichkeiten
>
> ➢ Der Einkäufer behält damit die Zügel der Gesprächsführung in der Hand

Worksheet 8:   Formulieren Sie Beispiele für die Einwand-verhindernde
                Aktion

WORKSHEET

Formulieren Sie eigene Beispiele für eine Einwand-
verhindernde Aktion

EINWAND

....

....

Schritt 1 – Einleitung

....

....

Schritt 2 – Bringen Sie den Einwand selbst ins Spiel

....

....

Schritt 3 – Frage (Geben und Nehmen)

....

....

EINWAND

....

....

Schritt 1 – Einleitung

....

....

Schritt 2 – Bringen Sie den Einwand selbst ins Spiel

....

....

Schritt 3 – Frage (Geben und Nehmen)

....

....

17.4.1 Verhaltenstipps bei Einwänden

➢ Betrachten Sie Einwände als etwas Normales, als willkommenen Prüfstein und als Signal auf dem Weg zu Ihrem Ziel.

➢ Bereiten Sie sich auf alle denkbaren Einwände vor. So gewinnen Sie die nötige Sicherheit.

➢ Hören Sie aufmerksam und konzentriert hin.

➢ Nehmen Sie das, was Ihr Gesprächspartner sagt, ernst.

➢ Unterbrechen Sie Ihren Gesprächspartner auf keinen Fall!

➢ Fragen Sie sich, ob der Einwand berechtigt ist, bzw. überlegen Sie, was wirklich dahinter stecken könnte.

➢ Bleiben Sie stets korrekt, höflich, ruhig, sachlich und sicher (wenn Sie sich vorbereitet haben, sind Sie immer auf der sicheren Seite)!

➢ Vermeiden Sie es, als Besserwisser da zustehen (viele Menschen reagieren oft mit Trotz).

➢ Verwenden Sie die vorstehenden Möglichkeiten zur Behandlung von Einwänden und wählen Sie die jeweils richtige aus.

➢ Wissen Sie einmal keine Antwort, so geben Sie dies lieber offen zu, ehe Sie zu „schwimmen" beginnen.

17.5 Seitenwechsel: Ideenlose Fragestellungen von Verkäufern

Die Ausbildung von Verkäufern spielt eine sehr große Rolle. Dennoch gibt es mehr weniger gute, als gute Verkäufer. Das zeigt sich häufig an der Art der Gesprächsführung und vor allen an den Fragestellungen. Es sind häufig Fragestellungen, die den Einkäufer ärgern und bei vielen sogar aggressive Reaktionen hervorrufen. Auch hier besteht für Einkäufer die Herausforderung darin, sich nicht von möglichen negativen Emotionen leiten zu lassen, sondern vielmehr die eigene Souveränität zu stärken.

Es wird viele Fragestellungen geben, auf die Sie, situationsbedingt, nicht sofort antworten wollen. Bei Ihnen nicht genehmen Fragestellungen oder auch „Beziehungskiller-Fragen" können Sie wiederum die LAO-Technik nutzen.

Antworten Sie spontan, positiv und geschickt mit einer dezenten Anerkennung, einer passenden Aussage zur Thematik und einer offenen Frage.

Dazu einige Beispiele:

Die Frage

„Wie viel Ihres Bedarfs haben Sie bei unserem Wettbewerb bestellt?"

Lob / Anerkennung	*„Ich bin begeistert über Ihren Wissensdurst."*
Aussage	*„Sicher wäre das für Ihre interne Planung eine besondere Information."*
Offene Frage	*„Welche Rückschlüsse wollen Sie aus meiner Antwort ziehen?"*

Die Frage

„Sie wollen mir doch sicher den Auftrag erteilen?"

Lob / Anerkennung	*„Ich finde es gut, dass Sie so direkt sind."*
Aussage	*„Sicher wäre eine Auftragserteilung für Sie ein weiterer Meilenstein, um Ihre internen Ziele zu erreichen."*
Offene Frage	*„Welchen Grund sollte es denn für mich geben, Ihnen diesen Auftrag zu erteilen?"*

Die Frage

„Sie sehen doch bestimmt ein, dass dieser Preis sehr günstig ist?"

Lob / Anerkennung	*„Toll, dass zumindest Sie von Ihrem Preis überzeugt sind."*
Aussage	*„Unter günstig versteht doch jeder etwas anderes."*
Offene Frage	*„Was glauben Sie, wann ein Preis für mich günstig ist."*

Führen Sie den Verkäufer mit dieser Technik wieder in Ihre Richtung. Lassen Sie sich nicht durch solche Fragestellungen reizen oder aus dem Konzept bringen.

18. Kommunikationstool Nutzenargumentation

Ein Nutzen verdeutlicht grundsätzlich das Interesse, mit einer nutzenorientierten Verbesserung etwas Bestimmtes zu erreichen. Dahinter können unterschiedliche Ziele stehen. Nutzenargumente beinhalten Aussagen, die die Vorteile und Merkmale eines Produktes oder Dienstleistung verdeutlichen, bzw. verstärken. Ein Köder muss dem Fisch schmecken, nicht dem Angler, ist die Philosophie, die hinter einer Nutzenargumentation steckt. Nutzenargumente können erst dann definiert werden, wenn bekannt ist, worauf unser Gesprächspartner Wert legt. Erst wenn ein Nutzen für unseren Gesprächspartner konkret und griffig ist, bewegt er sich gegebenenfalls auf eine eigene Entscheidung zu.

Je mehr der Nutzen die emotionalen Motive des Gesprächspartners anspricht und je tiefer er an diese heran geht, umso besser ist seine Wirkung.

18.1 Seitenwechsel: So baut der Verkäufer seine Nutzenargumentation auf

Eine wichtige Phase in jedem Verkaufsgespräch ist die Argumentationsphase. Der Verkäufer versucht den Kunden von seinem Produkt / Dienstleistung zu überzeugen. Produktmerkmale und Verkaufsvorteile sind jedem Verkäufer bekannt. Gute Verkäufer wissen, dass Vorteile oder Merkmale nicht verkaufen.

Produktmerkmale sind Daten, Fakten, Eigenschaften.

Produktvorteile zeigen lediglich auf, wie das Produkt / Dienstleistung angewandt werden oder dem Kunden helfen kann.

Kundennutzen dagegen zeigen auf, was der Kunde ganz konkret davon hat und wie es den Bedarf abdeckt. Der Verkäufer stellt sich die Frage wie ein Nutzen konkret, plastisch und griffig vermittelt werden kann.

Die Ausgangssituation:

Sie erwarten einen Verkäufer, mit dem Sie über den Einsatz einer Software verhandeln. Sie haben sich schon ausführlich über die Details und über Ihre Ziele, die mit dem Einsatz verbunden sind, ausgetauscht.

Eine mögliche Zusammenstellung der gesamten Merkmale und Produktvorteile durch den Verkäufer könnte so aussehen:

> ➢ Installationsfrei, hohe Verfügbarkeit, internationaler Support, zertifiziert, frei konfigurierbar, breites Produktportfolio, intuitiv bedienbar, mehrsprachig, International einsetzbar, integrierbar, mehrfach ausgezeichnetes Unternehmen, mehrfach ausgezeichnete Software, etabliertes Unternehmen, viele Referenzen, redundante Servertechnologie, hohe Verfügbarkeit, eigene Server möglich, ständige Weiterentwicklung, an CD anpassbar, gut ausgebildete Mitarbeiter, Markt- / Innovationsführer, einfache Bedienung, hohe Sicherheitsstandards, viele Einsatzszenarien, skalierbar, gute ausgebildetes Supportteam, gut ausgebildete Mitar-

beiter, transparentes Lizenzmodell, persönliche Kundenbetreuung, deutsches Unternehmen, Schnittstellen, OEM fähig, deutsches Produkt.

In seiner Vorbereitung beachtet der gute Verkäufer folgende Regeln:

➢ Es zahlt sich nicht aus, Merkmale und Vorteile anzupreisen, wenn damit kein Nutzen verknüpft ist.

➢ Merkmale und Vorteile sind schön und gut, aber nur der Nutzen verkauft.

➢ Ein Verkäufer, der zu den Merkmalen und Vorteilen den passenden Nutzen liefert, verkauft besser.

➢ Man kann den Nutzen nicht wie Merkmale auswendig lernen, weil der Nutzen je nach Kunde und Situation verschieden sein kann und ist.

➢ Wenn Sie vorher nicht genau die Bedürfnisse recherchiert haben, können Sie auch nicht wissen, welchen Nutzen Ihr Kunde anstrebt.

Das Beispiel „einfache Bedienung":

Welche mögliche Nutzen lassen sich daraus ableiten?

Die Aussage *„Die Software lässt sich einfach bedienen."*, bringt den Verkäufer nicht weiter. Die Frage, die sich stellt, ist die, was es für den Kunden bedeuten kann. Sicher impliziert die Aussage der einfachen Bedienung eine schnelle und effiziente Umsetzung. Zudem lassen sich für die Schulung der Mitarbeiter Zeit und Kosten sparen. Den Vorteil „einfache Bedienung" übersetzt er wie folgt:

Erster Schritt – Er benennt das Merkmal oder die Eigenschaft

Die *„einfache Bedienung"* unserer Software...

Zweiter Schritt – Er übersetzt das Merkmal

...*„sichert Ihnen"* die *„schnelle und effiziente Umsetzung"* in Ihrem Umfeld...

Dritter Schritt – Er optimiert das Merkmal

...und *„erspart Ihnen"* somit *„zeit- und kostenintensive"* Mitarbeiterschulungen.

Vierter Schritt – Er verstärkt den Nutzen

„Das sichert Ihnen und Ihren Mitarbeitern die sofortige Arbeit mit der Software ohne zusätzliche finanzielle Einsätze."

Fünfter Schritt – Er macht weiter mit einer offenen Frage

„Welche Auswirkungen hat das dann für Ihr Unternehmen?"

oder

„Wie interessant ist es jetzt für Sie?"

oder

„Wann wollen Sie diese Software einsetzen?"

Für die Verstärkung der Nutzenargumentation verwendet der Verkäufer Brückenworte, die eine Verbindung vom Merkmal zum Nutzen herstellen.

Beispiele für Brückenworte finden Sie im Kapitel 18.1.2. Vom Merkmal / Vorteil zum Nutzen

18.1.1 Was wissen Sie von Ihrem eigenen Unternehmen?

Wissen ist Macht. Davon sollten Sie sich leiten lassen. Im Businessbereich geht es entweder darum, mit Ihrer Lösung dem Verhandlungspartner zum Erfolg zu verhelfen, andererseits selbst eine gute, akzeptable Lösung für Ihr Unternehmen durch das Angebot des Verhandlungspartners zu finden. Um Ihrem Verhandlungspartner Ihre Forderung schmackhaft zu machen, sollten Sie auch die Vorteile und Merkmale Ihres Unternehmens kennen. Es reicht nicht aus, wenn Sie Ihrem Verhandlungspartner mitteilen, dass er nach seiner Zusage, dafür Ihren Unternehmensnamen auf seiner Internetseite aufführen kann. Sie sollten auch wissen, wie Ihr Unternehmen und Ihr Markt funktionieren. Im Übrigen sollten Sie für Ihr Verhandlungsprofiling ähnliche Informationen für das Unternehmen Ihres Gesprächspartners sammeln.
Auch Ihr Verhandlungspartner hat bestimmte Vorstellungen. Letztendlich will er Ihnen etwas verkaufen. Häufig spielen andere Faktoren jedoch eine große Rolle, die, wenn Sie diese kennen, Ihnen erhebliche Verhandlungsvorteile bringen werden. Genau diese Vorteile bringen Sie Ihrem eigenen Verhandlungsziel oftmals viel schneller näher als Sie glauben.

> ➢ Was bieten Sie Ihrem Verhandlungspartner heute an Vorteilen?
> ➢ Was zeichnet Ihr Unternehmen aus?
> ➢ Was kann Ihren Verhandlungspartner veranlassen, sich Ihren Verhandlungszielen anzupassen?
> ➢ Welche Merkmale – Vorteile können Sie bieten?
> ➢ Wie lässt sich daraus ein Nutzen ableiten?

Erarbeiten Sie sich ein ausführliches Profil von Ihrem Unternehmen. Diese Fragen werden Ihnen weiterhelfen. Denn genauso wie sich ein Verkäufer auf seine Nutzenargumentation vorbereitet, sollten Sie es auch tun. Sie können nur mit Ihrem Unternehmen punkten.

- ➢ Welche Marktstellung hat mein Unternehmen?
- ➢ Wie wird unser aktueller Marktanteil und unsere Marktposition bewertet?
- ➢ Wo liegen unsere Stärken und Schwächen?
- ➢ Wächst, stagniert oder schrumpft unser Markt?
- ➢ Welche Zukunftspläne gibt es?
- ➢ Welche Zielgruppen werden von uns bedient?
- ➢ Welches Produkt-/Dienstleistungsportfolio bildet unseren Schwerpunkt?
- ➢ Über welche Marktführerschaft mit unseren Produkten / Dienstleistungen verfügen wir?
- ➢ Sind Geschäftsausweitungen/Fusionen in der Zukunft geplant?
- ➢ Wie groß ist unser Einkaufs-/Umsatzvolumen?
- ➢ Wie ist der Ausbildungsstand unserer Mitarbeiter?
- ➢ Wie wird unser Zahlungsverhalten von unseren Partnern bewertet?

WORKSHEET

Betrachten Sie Ihr Unternehmen, Ihre Vorteile und Merkmale, Ihr Angebot an den Lieferanten mit den Augen Ihrer Lieferanten.

Was spricht besonders für Sie?

Merkmale / Vorteile

....

....

....

....

....

....

....

....

....

....

....

....

....

....

....

18.1.2 Vom Merkmal / Vorteil zum Nutzen

Ein Nutzenargument beinhaltet Aussagen, durch die der Andere seinen Vorteil erkennen kann. Als Einkäufer besteht Ihre Aufgabe auch darin, Ihre Unternehmensmerkmale so aufzubereiten, dass der Lieferant für sich klare Nutzen erkennen kann, vor allem dann, wenn es um Preisreduktionen, besondere Lieferkonditionen, Qualitätsansprüche, etc. gehen kann. Jetzt könnten Sie sich berechtigterweise fragen: *„Warum muss ich Ihm einen Nutzen verkaufen, wenn er uns etwas verkaufen will?"* Um Ihre wirtschaftlichen Ziele zu erreichen, ist es sinnvoll, dem Verkäufer Ihr Unternehmen schmackhaft zu machen. Letztendlich wollen Sie ja auch etwas von ihm. Dazu sollten Sie die Merkmale, die Ihr Unternehmen kennzeichnen, in Vorteile und letztendlich in einen Nutzen für Ihren Lieferanten klar dar stellen. Merkmale beschreiben wertfrei die Eigenschaften, die Ihr Unternehmen bietet. Vorteile zeigen auf, inwieweit ein Merkmal eine Hilfe zur Zielerreichung Ihres Gesprächspartners sein kann. Ein Nutzen verdeutlicht Ihrem Gesprächspartner schon den persönlichen Gewinn, den er damit erzielt. Somit hat die Formulierung eines Nutzens eine höhere Überzeugungskraft, als ein allein stehendes Merkmal oder Vorteil. Hier ist die Wahrnehmung Ihres Gesprächspartners entscheidend.

Welche Vorteile in der Zusammenarbeit mit Ihnen können Sie Ihrem Gesprächspartner nun bieten, damit er für sich einen deutlichen Nutzen erkennt? Was sind die Faktoren, die einen Verkäufer veranlassen können, auf Ihre Wünsche und Forderungen einzugehen?

Auf der Basis Ihres erarbeiteten Unternehmensprofils können sich folgende Unternehmensmerkmale herauskristallisieren:

> Weltweit tätig; pünktlicher Zahler; zertifiziertes Unternehmen; Marktführerschaft; eigene Entwicklungen; gute Referenzen; Konzernzugehörigkeit; innovativ, etc.

Sicher wird ein solches Merkmal keinen Verkäufer veranlassen, auf Ihre möglichen Forderungen und Wünsche einzugehen. Aber wie so häufig im Leben kommt es immer auf die Verpackung an oder auf die schmackhafte Zubereitung, die Ihren Gesprächspartner veranlasst zuzubeißen. Besonders dann, wenn Sie sich auch mit möglichen Motiven Ihres Gesprächspartners gedanklich beschäftigt haben.

Eine Aussage wie *„Wir sind weltweit tätig."* hat keine Wirkung. Welchen Nutzen können Sie nun für den Verkäufer aus dieser Aussage ableiten? Ein Nutzen kann sicher die Chance für die Erschließung weiterer Märkte sein. Jetzt kommt es auf die richtige Zubereitung dieser Aussagen an.

Zusammengefasst sieht eine Nutzenargumentation so aus:

Merkmal / Vorteil Ihres Unternehmens	*Weltweit tätig*
Vorteil für den Verkäufer	*Chance für weitere Geschäfte*
Brückenworte	*erschließt Ihnen*
Nutzenargumentation	*weitere Absatzchancen für die Produktpalette.*

Den Vorteil *„Wir sind weltweit tätig."* übersetzen Sie wie folgt:

Erster Schritt – Benennen Sie das Merkmal oder die Eigenschaft

Da wir mit unserer Organisation „weltweit tätig" sind...

Zweiter Schritt – Übersetzen Sie das Merkmal

...„eröffnet sich Ihnen" die große Chance mit Ihrem Unternehmen...

Dritter Schritt – Optimieren Sie das Merkmal

...weitere „Absatzpotenziale und Absatzmärkte zu erschließen."

Vierter Schritt – Verstärken Sie den Nutzen

Das ermöglicht Ihnen und Ihrem Unternehmen weitere Umsatzgelegenheiten.

Fünfter Schritt – Machen Sie weiter mit einer offenen Frage

Was würde das für Ihr Unternehmen bedeuten?

oder

Wie interessant ist es jetzt für Sie? / Wann wollen Sie diese Chance nutzen?

Eine Nutzenargumentation wird mit einer offenen Frage abgeschlossen. Wie wird wohl die Antwort des Verkäufers sein?

Ein weiteres Beispiel:

Merkmal / Vorteil Ihres Unternehmens	*Marktführerschaft*
Vorteil für den Verkäufer	*sichere Abnahme und Planbarkeit*
Brückenworte	*sichert Ihnen*

Nutzenargumentation

regelmäßige Abnahme und eine langfristige Planbarkeit für Verkäufe

Erster Schritt – Benennen Sie das Merkmal oder die Eigenschaft

„Unsere Marktführerschaft" spielt in unserer Zusammenarbeit eine große Rolle.

Zweiter Schritt – Übersetzen Sie das Merkmal

Dadurch „sichern Sie sich" die große Chance ...

Dritter Schritt – Optimieren Sie das Merkmal

...einer regelmäßigen Abnahme und eine bessere Planbarkeit Ihrer Umsatzziele mit unserem Unternehmen.

Vierter Schritt – Verstärken Sie den Nutzen

Das ermöglicht Ihnen und Ihrem Unternehmen vorhersehbare Umsätze.

Fünfter Schritt – Machen Sie weiter mit einer offenen Frage

Was würde das für Sie persönlich bedeuten?

oder

Wie interessant ist es jetzt für Sie?

oder

Wann wollen Sie auf diese Möglichkeit zurückgreifen?

Der persönliche Nutzen für den Lieferanten ergibt sich aus den Wünschen und Motiven des Lieferanten. Wenn Sie diese kennen, sind Sie in der Lage seinen persönlichen Nutzen zu formulieren.

Die Verbindung vom Merkmal / Vorteil zum persönlichen Nutzen schaffen Sie mit „Übersetzungs-Formeln", z.B. steigert Ihren Umsatz, erschließt Ihnen neue Märkte, sichert Ihre Wettbewerbsfähigkeit, spart Ressourcen, führt bei Ihnen zu Steigerung...; leistet, gewährt, bedeutet für Sie, (…)

Eine offene Frage zum persönlichen Nutzen und den positiven Auswirkungen, welche mit der Entscheidung für unsere Leistungen verbunden sind, rundet die Argumentation ab. Mit dieser Frage schicken wir den Lieferanten mit seinen Gedanken in die Zukunft. Mit unserem Unternehmensvorteil und über seine Antwort verkauft er sich seinen Nutzen noch einmal selbst. Er bekommt damit noch mehr das Gefühl, dass es sich um seine eigene Idee handelt. Wir haben ihm nur dabei geholfen.

Beispiele für Brückenworte sind:

...das eröffnet Ihnen...; ...das führt bei Ihnen zu...; ...senkt Ihre...; ...leistet für Sie...; ...minimiert Ihre..., ...bedeutet für Sie...; ...optimiert Ihre...; ...steigert Ihre...; ...sorgt bei Ihnen für...

Formulieren Sie Merkmale / Vorteile Ihrer Zusammenarbeit für den individuellen Nutzen Ihres Lieferanten / Gesprächspartners. Verwenden Sie entsprechende Brückenworte zur Verbindung von Merkmal und Nutzen.

Der Aufbau und die Formulierung dieser Nutzenargumentation müssen sich den Gegebenheiten in der Zusammenarbeit anpassen. Sicher wird solch eine Argumentation nicht bei Ihrem ortsansässigen Bürolieferanten die gewünschte Wirkung erzielen.

MERKE:

Der Nutzen für den Verkäufer ergibt sich ausschließlich aus den Merkmalen und Vorteilen, die Ihr Unternehmen auszeichnen!

WORKSHEET

Erarbeiten Sie sich einen Vorrat an Nutzenargumentationen

Merkmal / Vorteil Ihres Unternehmens

....

....

Vorteil für den Verkäufer

....

....

....

Brückenworte

....

....

....

Nutzenargumentation

....

....

....

Nutzenverstärkung

....

....

....

Offene Frage

....

....

19. Kommunikationstool „Spiegeln"

Damit wir wirklich sicher sind, dass wir unseren Gesprächspartner richtig verstanden haben, setzen wir das „Spiegeln" ein. Immer dann, wenn wir es mit komplexen Sachverhalten oder mehreren Einwänden zugleich zu tun bekommen. Bei Diskussionen, Konferenzen und Gesprächen fällt es den Teilnehmern häufig schwer, andere ausreden zu lassen, genau hinzuhören, sowie die eigenen Beiträge genau auf die Ausführungen der anderen Gesprächspartner zu beziehen. Jeder versucht, so schnell wie möglich, seine eigenen Gedanken in das Gespräch einzubringen. So entstehen häufig Missverständnisse, die erst spät erkannt werden und deren Klärung wertvolle Zeit kostet.

Abbildung 12:   Spiegeln

Sie sitzen in einer Verhandlung mit einem Lieferanten. Nun haben Sie es mit einem Verkäufer zu tun, der gerne und auch viel redet. Ihnen fällt es schwer, die vielen Details seiner Ausführungen zu notieren. Ungeduldig geworden unterbrechen Sie den Verkäufer:

Einkäufer: *„Stopp, Herr Verkäufer, ich möchte mir einige Details Ihrer Ausführungen notieren. Können Sie diese nochmal wiederholen?"*

Jetzt haben Sie die Gelegenheit, sich die Details wiederholen zu lassen und Ihre Notizen zu machen. Sicher ein guter Weg. Eine andere Variante bietet Ihnen die Spiegel-Technik. Auch hier müssen Sie im Extremfall den Verkäufer in seinem Redefluss stoppen. Es ist nicht unhöflich. Es ist bei vielen Verkäufern notwendig. Obwohl den Verkäufern in Trainings immer wieder vermittelt wird, nicht zu viel zu reden, sondern mehr zu fragen, kommt es immer wieder zu Redeflüssen, vor allem dann, wenn es um die Aufzählung von Produktmerkmalen geht.

Beispiel:

Verkäufer: *„Herr Einkäufer, unsere Maschine zeichnet sich durch eine hervorragende Bedienerführung, mit den dazugehörigen Komponenten wie einem sensitiven Touchpad, einer Bildschirmgröße von 10 Zoll mit klaren und hervorstechenden Farben, die einer Dauerbelastung, auch im Mehrschichtbetrieb, ohne Wenn und Aber standhält. Zusätzlich enthalten sind ein einjähriger Wartungsvertrag, eine kostenlose Hotline und eine permanente Erreichbarkeit für alle im Service zuständigen Personen und das zu einem Preis von xx €."*

Einkäufer: *„Stopp, Herr Verkäufer. Also, wenn ich Sie richtig verstanden habe, sind die wesentlichen Details die Bedienerführung incl. farbgerechten 10 Zoll großem Touchpad, dauerbelastbar auch im Mehrschichtbetrieb incl. Erreichbarkeit von Servicetechnikern, Hotline und einjährigem Wartungsvertrag im Preis von xx € enthalten."*

Verkäufer: *„Ja"*

Die Spiegeltechnik hat noch einen weiteren Vorteil. Sie haben immer die Möglichkeit, eine eigene Interpretation in Ihre Wiederholungen zu legen. Das könnte sich dann so anhören:

Einkäufer: *„Stopp, Herr Verkäufer. Also, wenn ich Sie richtig verstanden habe, sind die wesentlichen Details der Bedienerführung incl. farbgerechten 10 Zoll großem Touchpad, dauerbelastbar auch im Mehrschichtbetrieb incl. Erreichbarkeit von Servicetechnikern, Hotline und einjährigem Wartungsvertrag **und das zu einem günstigeren Preis, als das, was im Angebot steht.**"*

Zugegeben, es ist ein Trick und sicher auch nicht sehr fair. Wundern Sie sich nicht, wenn der Verkäufer hier auch „Ja" sagt. Wir können sagen, dass es funktioniert. Die Entscheidung, ob Sie mit dieser Variante arbeiten, liegt bei Ihnen.

Die Technik des „Spiegelns" hilft

> ➢ zu prüfen, ob wir unseren Partner richtig verstanden haben.

> ➢ komplizierte Sachverhalte zu klären.

> ➢ Dauerredner zu disziplinieren.

145

Beachten Sie immer die nachstehenden vier Punkte zum erfolgreichen Spiegeln:

> ➢ Lassen Sie Ihren Gesprächspartner aussprechen und hören dabei aktiv hin

> ➢ Solange der Partner spricht, konzentrieren Sie sich ausschließlich darauf

> ➢ Wiederholen Sie die Ausführungen des Partners mit Ihren eigenen Worten in verkürzter Form

> ➢ Warten Sie die positive Bestätigung Ihrer Zusammenfassung ab, bevor Sie Ihren weiteren Beitrag zum Thema formulieren

Weiter Einleitungen zum „Spiegeln":

„Sie sind der Meinung, dass ..."

„Habe ich Sie richtig verstanden, ..."

„Lassen Sie mich zusammenfassen ..."

„Ich habe Sie so verstanden ..."

„Sie stellten fest, ..."

„Wenn ich Sie richtig verstanden habe ..."

20. Kommunikationstool „Lob & Anerkennung"

Lob und Anerkennung ist wichtige Nahrung für unsere Seele. Doch meist bleiben uns im Berufsleben genau diese Faktoren versagt. So entsteht Frust, Demotivation und negatives Denken. Unseren Gesprächspartnern geht es ebenso. Umso mehr überraschen wir unsere Partner, wenn wir ihre Einwände mit positiver Anerkennung quittieren. Damit erhalten wir ein gutes Gesprächsklima.

Jeder fühlt sich wohl, wenn er gelobt wird – sofern es ehrlich gemeint ist. Das gilt auch in Verhandlungen. Anerkennung auszusprechen, ist daher ein guter Weg, um für eine positive Gesprächsatmosphäre zu sorgen.

Stellen Sie sich vor, Sie möchten Ihren Gesprächspartner als neuen Lieferanten gewinnen. Sie sind der Experte für diese Thematik, Ihr Gesprächspartner hingegen trifft zwar die Entscheidung über eine Zusammenarbeit, ist aber kein Fachmann. Deshalb äußert er seine Wünsche etwas umständlich. Sie möchten ihm nun die emotionale Sicherheit geben, dass Sie der richtige Partner für ihn sind. Wie vermitteln Sie ihm das Gefühl, dass er sich mit Ihnen auf der gleichen Gesprächsebene befindet? Wie viele unterschiedliche Formulierungen für Ihre Anerkennungen fallen Ihnen ein?

Lob und Anerkennung können Sie z.B. mit folgenden Formulierungen aussprechen:

> *„Herr Lieferant, Sie kennen sich wirklich toll im Thema aus."*

> *„Herr Lieferant, Ihre Sicht der Dinge gefällt mir gut."*

> *„Das ist eine sehr schöne Idee, Herr Lieferant."*

> *„Mit diesem Vorschlag treffen Sie genau meine Vorstellung."*

> *„Es ist wirklich sehr angenehm, einen so fairen Gesprächspartner zu haben."*

Wissenschaftler haben herausgefunden, dass der Mensch im Schnitt sechs Streicheleinheiten benötigt, um richtig zufrieden zu sein – diese aber in der Regel nicht erhält. Lob und Anerkennung stärken einen Menschen in seinem Selbstbewusstsein und motivieren ihn. Zudem werden Entscheidungen häufig aus emotionalen Gründen getroffen. Sorgen Sie daher mit anerkennenden Bemerkungen dafür, dass sich Ihr Gesprächspartner wohlfühlt. Denken Sie aber daran, das Lob passend anzuwenden und nicht zu dick aufzutragen.

MERKE:

Wer andere kritisiert, verschlechtert seine eigene Situation, wer andere anerkennt, verbessert seine Lage!

21. Weitere Kommunikationstools

21.1 Widerspruch vermeiden

Auf einen Einwand reagieren viele Menschen reflexartig zunächst mit Widerspruch, denn der eigene Standpunkt oder die eigene Meinung soll durchgesetzt werden. Fast wie in der Physik, woher wir das Gesetz „Druck erzeugt Gegendruck" kennen, baut sich so zwischen den Gesprächspartnern ein immer höherer Druck auf, der sich in emotionalen Reaktionen und Antworten Luft macht. Deshalb vermeiden wir den direkten Widerspruch, wenn wir es mit Einwänden zu tun bekommen.

21.2 Bedingte Zustimmung

Damit signalisieren wir, dass wir die Position oder Meinung unseres Lieferanten verstehen, dass wir ihn als Mensch, der eine andere Sichtweise zu unserem Thema hat, akzeptieren.

Beispiel: *„Ich verstehe, was Sie sagen, Herr Verkäufer, in dem Fall kann ich bedingt zustimmen, in den anderen nicht so ganz. Was können Sie tun, damit wir eine Lösung finden?"*

21.3 Anderer Gesichtspunkt

Wir können auch einen anderen Gesichtspunkt ins Gespräch bringen. Ein für unseren Gesprächspartner offensichtlicher Nachteil bzw. Mangel wird damit übergangen bzw. stillschweigend zugegeben und gleich durch einen wesentlichen Vorteil mehr als aufgewogen.

Beispiel: *„... andererseits, bedenken wir, dass ..."*

„... dabei ist zu bedenken, dass auch ..."

„... auf der anderen Seite geht es Ihnen doch darum, dass Sie auf eine lange Partnerschaft Wert legen ..."

22. Verhandlungen ohne Vorbereitung scheitern

Verhandeln ist für den Einkäufer eine alltägliche Tätigkeit. Die Zufriedenheit auf beiden Seiten bildet die Basis für gute Verhandlungen zwischen dem Ein- und dem Verkäufer. Unqualifiziertes Vorgehen, Konfrontationen, die Philosophie „Alles oder Nichts" führen zwangsläufig in Sackgassen, die sich auf der einen Seite durch ungute Gefühle bei den beteiligten Personen äußert, anderseits dem Unternehmen keinen Gefallen erweisen. Geplante Ziele und deren Erfüllung rücken in weite Ferne.

Abbildung 13:   Verhandlung

Einer der größten Fehler, den man bei Verhandlungen begehen kann, egal ob Sie zu den eher „weichen" oder „harten" Verhandlern gehören, sind gewohnte Verhaltensmuster, die an den Tag gelegt werden. Sich mal eben auf die Verhandlung und den Verhandlungspartner vorbereiten und einzustellen, wird Ihnen nicht die guten Ergebnisse bringen, die möglich wären.

Erfolgreiche Verhandlungsergebnisse sind die Folge einer guten Vorbereitung. Auch wenn Sie persönlich bereits gute Erfahrungen bei spontanen Verhandlungen gemacht haben, zeigen viele Ergebnisse häufig die andere Seite. Unangenehm wird es in Verhandlungen immer dann, wenn sich z.B. ständig neue Situationen ergeben, auf die Sie sich einstellen müssen. Wenn Sie z.B. mit nicht widerlegbaren Fakten oder Argumenten der Gegenseite konfrontiert werden, denen Sie nicht widersprechen können.

Solche Situationen überfordern selbst den geschicktesten Rhetoriker.

In einem professionellen Verhandlungsprofiling müssen Sie sich mit einigen thematischen Feldern für die Vorbereitung befassen. Dadurch erhalten Sie ein sehr komplexes Bild des Verhandlungsumfeldes, das letztendlich alle Facetten, inhaltliche und persönliche, zusammenfasst.

22.1 Die häufigsten Denkfehler in Verhandlungen

„Vorbereitung habe ich bei meiner Erfahrung nicht nötig!"

> Gut so, wenn Sie das glauben. Sie sollten dennoch alle Möglichkeiten nutzen, um Ihre Informationen immer aktuell zu halten. Jede kleine Information kann Ihre Verhandlungsposition stärken. Scheuen Sie sich nicht mit Checklisten zu arbeiten. Ihr Verhandlungspartner macht es auch.

„Ich muss mir nichts aufschreiben!"

> Das ist bewundernswert. Wir gratulieren Ihnen. Ihr Erinnerungsvermögen muss so phänomenal ausgestattet sein, dass Sie sich alle Details merken können, die im Laufe einer Verhandlung angesprochen werden. Das recherchieren von Informationen nach Ihrer Verhandlung wird vermutlich viel Zeit kosten, die sicher sinnvoller genutzt werden kann. Da ist Ihr Verhandlungspartner besser dran, denn er schreibt mit.

„Ich sitze bei Verhandlungen immer am längeren Hebel!"

Das glauben viele Einkäufer. Darum beharren Sie stark auf Ihrer Verhandlungsposition. Das zeigt sich durch Ihre ausgeprägte nicht vorhandene Flexibilität. Versuchen Sie doch einmal, neue Lösungen in Betracht zu ziehen und stellen sich auf Geben und Nehmen ein. Ihr Verhandlungspartner ist da anders einzuschätzen.

„Ich bekomme meine Informationen auch so!"

Klar bekommen Sie Ihre Informationen. Die Frage ist, wer bekommt mehr Informationen. Sicher derjenige der Verhandlungspartner, der gezielt und bewusst fragt und hinterfragt, besonders bei Sachverhalten die „anscheinend geklärt" sind. Üben Sie die Fragetechniken und setzen Sie diese gezielt als Kommunikationsmittel ein. Seitdem es den Verkauf gibt, wird diese Technik von Verkäufern genutzt. Jetzt sind Sie dran.

„Die Zeit für die Nachbereitung einer Verhandlung habe ich nicht!"

Schade. Denn eine kritische Nachbetrachtung der Verhandlung kann einerseits ein Anfang für Veränderungen sein, andererseits ein Anfang für Verbesserungen. Machen Sie sich auch Ihre durchgeführten Verhandlungsschritte bewusst. Waren Sie richtig oder weniger richtig? Und wenn eine zeitnahe Nachbereitung erfolgt ist, können Sie auf dieser Basis die nächsten Schritte und Vorgehensweise planen.

22.2 Seitenwechsel: Eine Chancenanalyse von Verkäufern

„Da liegt ja eine Anfrage vom Einkäufer der Hoffnung AG auf meinem Schreibtisch. Braucht er wieder ein Alibi Angebot? Oder habe ich eine echte Chance, diesmal ins Geschäft zu kommen?"

Manche Anfragen von Einkäufern sind häufig Alibi Anfragen, weil für den internen Vergleich drei oder vier Angebote für einen aussagefähigen Preisspiegel vorliegen müssen. Gute Verkäufer lassen sich darauf nicht mehr ein. Sollte der Versuch eines persönlichen Gespräches mit dem Einkäufer scheitern, werden Standardangebote unterbreitet. Ohne zu wissen, ob das Angebotene passt oder nicht. Vielleicht besteht in der Zukunft noch eine weitere Chance. Der Einkäufer soll ja nicht vergrault werden. Kommt es jedoch zu einer Einladung und damit zu einem Verkaufsgespräch, stellen sich Verkäufer zunächst folgende Fragen.

„Ist es sinnvoll sich diesem Projekt zu nähern?" „Lohnt es den Aufwand?"

Die zentralen Fragestellungen für Verkäufer gliedern sich in drei Bereiche.

Erster Bereich: Besteht eine offizielle Anfrage?

„Sind wir im Besitz einer offiziellen Anfrage?"

„Beinhaltet die Anfrage für uns messbare Ziele?"

„Braucht der Kunde das, was ich anbieten kann und kann er es bezahlen?"

„Kennen wir die formellen Entscheidungskriterien?"

„Hat der Zielkunde signifikante Engpässe mit Bezug zu unserem Produktportfolio?"

„Entspricht der zu betreibende Verkaufsaufwand unseren (kurzfristigen) Gewinnzielen?"

Zweiter Bereich: Gibt es einen lohnenden "Business Case"?

„Entspricht der Kunde unserem Idealkunden-Profil?"

„Mit welchem Umsatzpotenzial können wir kurzfristig rechnen?"

„Ist das quantifizierte Umsatzpotenzial für uns lohnend?"

„Ist das quantifizierte Umsatzpotenzial zukünftig ausbaubar?"

„Deckt sich das (kurzfristige) Umsatzpotenzial mit unseren zeitlichen Vorstellungen?"

„Führt ein Projekterfolg zu weiteren und strategischen Verkaufserfolgen in anderen Kundensegmenten?"

Dritter Bereich: Können wir gewinnen?

„Kennen wir die wichtigsten Kunden und Mitbewerber des Zielkunden?"

„Kennen wir die wichtigsten Motive und Business Driver für den Zielkunden?"

„Gibt es einen Mitbewerber, der bevorzugt wird, bzw. der politisch gesetzt ist?"

„Sind wir bei den höchstrangigen Entscheidern positiv und nutzbringend bekannt?"

„Kennen wir die informellen Entscheider persönlich?"

„Bewerten die Entscheider unser Angebot gleichwertig oder besser als dasjenige der Mitbewerber?"

„Setzen sich die einflussreichsten Entscheider für uns ein?"

Die Beantwortung dieser Fragen bildet die Grundlage in der Vorbereitung für nachfolgende Verkaufsaktivitäten. Diese sind im Grunde genommen relativ schnell zu beantworten. Dazu reichen ein oder zwei informative Gespräche mit dem Kunden, bevor es zu weiterführenden Verkaufsgesprächen und der damit verbundenen Angebotserstellung kommt.

23.   20 übliche Verdächtige-Taktiken im Detail

Viele Einkäufer glauben immer noch, sind sogar davon überzeugt, dass erfolgreiches Verhandeln mit Siegen gleichzusetzen ist. So wird oft um jede einzelne Position gefeilscht und verhandelt, ohne das große Ganze im Auge zu behalten. So erzählte uns ein Einkäufer, dass er auch schon mal Exceltabellen auf einen kopierten Briefbogen eines seiner Lieferanten kopiert, um den Verkäufer mit seinen eigens dafür erstellten Zahlenmaterial unter Druck zu setzen.

Professionelle Verhandlungskonzepte verwerfen solche „Feilscher"-Haltungen. Sie setzen darauf, die Positionen aller Beteiligten zu verbessern und eine WIN-WIN-Situation herbeizuführen. Der Verhandlungspartner wird als Partner begriffen, nicht als zu übervorteilender Gegner. Lassen Sie sich davon leiten. Ein guter Verkäufer kennt die Tricks der Einkäufer. Sie werden misstrauisch, wenn ihnen jemand zu viel verspricht oder mit fragwürdigen Zahlen operiert. Dennoch sollten Sie sich mit den üblichen Taktiken vertraut machen. Einige sind als fair anzusehen, andere dafür manipulativ, vielleicht auch unfair. Die Entscheidung, welche Taktik eingesetzt werden kann, bestimmt immer die aktuelle Verhandlungssituation und die Persönlichkeit des Einkäufers.

Taktik des „Geben und Nehmen"

Zeigen Sie dem Verkäufer auf, welche Vorteile und Nutzen ihm der Verhandlungsgegenstand bringt. An seinem Verhalten und Auftreten werden Sie schnell feststellen, ob er die Beweglichkeit zeigt, auf Sie zuzugehen. Denn das ist eine Voraussetzung.

Taktik der „Konzessionen und Kompromisse"

Ihre eigene Maximalforderung stellt immer die Ausgangsposition dar. Sollten Sie feststellen, dass Ihre Maximalforderung nicht durchzusetzen ist, zeigen Sie Verständnis für die Situation und geben Sie langsam nach. Somit können Sie Ihre Forderung an die Situation anpassen.

Taktik der „Kopplung"

Mit dieser Taktik erklären Sie sich mit einer Forderung der Gegenseite einverstanden, sofern Ihnen der Verhandlungspartner in einem anderen Feld der Verhandlung entgegenkommt.

Taktik der „künstlichen Erhöhung"

Erweitern Sie die Forderungen des Verhandlungsgegenstands, um künstliche Forderungen und Bedingungen. Dadurch, dass Sie Ihr Nachgebepotenzial erhöhen, verschaffen Sie sich eine bessere Ausgangsposition.

Taktik der „Festlegung / Selbstbindung"

Zu Beginn der Verhandlung definieren Sie eine Forderung als absolute Bedingung für eine Einigung. Ohne deren Erfüllung ist kein Abschluss möglich. Beachten Sie bei dieser Taktik, dass Sie sich mit dieser Vorgehensweise nicht andere Chancen verbauen. Mit diesem Vorgehen bauen Sie sehr hohen Druck bei Ihrem Verhandlungspartner auf.

Taktik der „vollendeten Tatsachen"

So oder gar nicht, ist hier die Devise. Vollendete Tatsachen zu schaffen setzt natürlich eine absolute Sicherheit und auch Macht voraus. Hier werden die Interessen des Verhandlungspartners vollständig ausgeblendet. Der Verhandlungspartner hat nur die Wahl, diese Tatsache zu akzeptieren oder die Verhandlung abzubrechen. Das Risiko eines Verhandlungsabbruchs ist dann groß, wenn die Gegenseite stärker ist als Sie glauben.

Taktik der „höheren Instanz"

Sollten Sie in eine Situation geraten, in der Sie sich unwohl fühlen, weil Sie feststellen *„Dem bin ich jetzt nicht gewachsen."* oder *„Darauf will ich jetzt nicht eingehen."* ist eine Unterbrechung sinnvoll. Teilen Sie Ihrem Gesprächspartner mit, dass Sie weitere Informationen benötigen, die Sie nur von Ihrem Vorgesetzten bekommen können. Sie gewinnen Zeit und können sich neu orientieren, sich neue Informationen einholen oder auch einen höher gestellten Mitarbeiter hinzuziehen.

Taktik der „**Bündnisse**"

Sind mehrere Verhandlungspartner beteiligt oder ist das Verhandlungsteam der Gegenseite sehr unterschiedlich zusammengesetzt, stellen Sie fest, an welchen Stellen sich Interessenbündnisse bilden können, die sich gegebenenfalls gegen einen Dritten richten. Diese Taktik nutzen sehr viele Verkäufer, die nicht nur mit Ihnen verhandeln, sondern auch Kontakte in andere Unternehmensbereiche haben. Das ist auch eine Folge des „Maverick Buyings". Der Verkäufer verbündet sich mit den Mitarbeitern. Im Endeffekt müssen Sie als Einkäufer auch noch gegen Ihre eigenen Kollegen kämpfen.

Taktik der „**kleinen Schritte**"

Mit dieser Taktik, auch als Salamitaktik bekannt, soll der Fortschritt der eigenen Forderung in kleinen Scheiben erhöht werden. Jede Ihrer kleinen Forderungen wird zur Diskussion gestellt. In der Regel ist der Verhandlungspartner bereit, der einen oder anderen Forderung zu zustimmen. Am Ende bekommen Sie eine große Salami.

Taktik des „**Bagatellisieren**"

Stellen Sie eine für Sie wichtige und bedeutende Forderung zum Schein als unwichtig dar. Damit können Sie den Verhandlungspartner täuschen und eine schnelle Zustimmung erzielen. Dieses Vorgehen beruht auf folgender Grundannahme: Was als unwichtig gilt, dem stimmt der Andere leichter zu. Ein erfahrener Verhandlungspartner durchschaut ein solches Verhalten zumeist schnell – vor allem, wenn er sich im Vorfeld gut vorbereitet hat.

Taktik des „**Guten und Bösen**"

Diese Taktik können Sie nur nutzen, wenn Sie zu zweit in eine Verhandlung gehen. Als Guter unterstützen Sie die Ideen Ihres Verhandlungspartners. Der Böse zeigt sein Unverständnis und sein Missfallen an diesen Ideen. Dadurch schaffen Sie Irritationen bei Ihrem Verhandlungspartner. Das ist die Gelegenheit dem Verhandlungspartner weitere Zugeständnisse abzuringen.

In diesem Fall müssen Sie als Team gut eingespielt sein. Ansonsten kann der Schuss nach hinten losgehen.

Taktik des „**Zahlensalat´s**"

Bei komplexen Verhandlungen operieren Sie mit vielen Zahlen. Visualisieren Sie diese Zahlen am Flipchart und platzieren Sie Ihren Verhandlungspartner so, dass er seinen Blick immer auf dem Flipchart hat, wenn er Sie nicht anschaut. Viele Zahlen verwirren. Greifen Sie auf Zahlen zurück, z.B. die, die den bisherigen Umsatz mit diesem Lieferanten deutlich machen. Zeigen Sie das weitere mögliche Umsatzpotenzial und die damit verbundene Steigerungsrate für den Lieferanten in Zahlen auf. Ihre Forderung, wenn es um einen Nachlass geht, schreiben Sie etwas größer als die anderen Zahlen und platzieren diese unter dem Wort „Wenn". Nutzen Sie den psychologischen Vorteil. Denn ein Bild sagt mehr als tausend Worte.

Taktik des „**Feilschens**"

Klassische Taktiken im Einkauf sind das Feilschen um einen Gegenstand, bei dem häufig extreme Forderungen gestellt werden. Denken Sie einmal an Ihre Urlaubserlebnisse. Wie oft wird in Basaren beispielsweise Goldschmuck angeboten, der „nur für Sie" den äußerst günstigsten Preis hat. Hat man sich einmal auf das Feilschen eingelassen, wird der Preis von der Gegenseite deutlich reduziert. Letztendlich trifft man sich in der Mitte, und das ist die psychologische Komponente, die dem Käufer das Gefühl vermittelt, einen guten Kauf, zu einem guten Preis, gemacht zu haben.

Taktik der „**Auszeit**"

Eine weitere Taktik in Einkaufsverhandlungen ist die Auszeit. Vielfach erhitzen sich die Gemüter in den Verhandlungsrunden, und man läuft sich fest. Da ist die Auszeit ein nützliches Mittel um die festgefahrene Situation zu entschärfen. Ein ähnliches taktisches Mittel ist das Vertagen von Verhandlungen. Damit machen Sie Ihrem Lieferanten deutlich, dass erstens kein Zeitdruck besteht, zweitens unterstreichen Sie dabei die Stärke Ihres eigenen Durchsetzungsvermögens und Ihrer Forderungen.

Taktik des „**Drohens**"

Druck durch Drohungen ist eine weitere Taktik (*„Herr Verkäufer, da habe ich aber einen besseren Preis. Steigen Sie ein oder gehen Sie."*). Diese Taktik sollten Sie nur dann anwenden, wenn Sie sicher sind, dass Sie auch einen Lieferantenwechsel wahr machen wollen.

Taktik des „**Vorausschauens**"

Es wird immer unangenehme Gespräche in einer Partnerschaft geben. Die Gründe hierfür sind vielfältig. Überlegen Sie sich vor einem Gespräch, welche möglichen Gründe für eine Unzufriedenheit Ihres Gesprächspartners geführt haben. Das könnte zum Beispiel die Nichterfüllung einer vereinbarten Abnahmequote sein oder dass Zahlungen nicht pünktlich erfolgten. Bauen Sie sich hier eine entsprechende Argumentation im Vorfeld auf. Damit nehmen Sie dem zu erwartenden Angriff die mögliche Härte, wenn Sie dann auch noch die Gründe, die dazu führten, verdeutlichen.

Taktik der „großen Forderung"

Wenn Sie in den vorherigen Gesprächen festgestellt haben, dass Ihr Verhandlungspartner ein sehr großes Interesse hat, Sie als Kunden zu gewinnen oder einen sehr großen Wert auf einen Abschluss legt, kann diese Taktik sehr erfolgreich sein. Dazu sollten Sie im Vorfeld der Gespräche durch Fragen geklärt haben, weshalb Sie als Partner für ihn so wichtig sind. Indem Sie Ihrem Partner die Sicherheit eines Abschlusses vermitteln, stellen Sie klar, dass seine Bedingungen auf keinen Fall von Ihnen akzeptiert werden, gleichzeitig teilen Sie ihm Ihre Forderung mit. Wägen Sie hier allerdings im Vorfeld mögliche Konsequenzen im Hinblick auf die weitere Zusammenarbeit mit Ihrem Partner ab. Diese Taktik ist auch allgemein als „Pokern" bekannt.

Taktik des „persönlichen Einsatzes"

Mit dieser Taktik verunsichern Sie Ihren Gesprächspartner, indem Sie ihm das Gefühl vermitteln, dass ein Abschluss nicht in Frage kommen kann. Gleichzeitig reden Sie über mögliche Alternativen, sodass Ihr Gesprächspartner die Erkenntnis gewinnen kann, doch noch zu einem Abschluss zu kommen. Hierbei beziehen Sie sich beispielsweise auf Aussagen Ihres Vorgesetzten, der mit diesem Angebot nicht einverstanden ist, Sie sich aber für Ihn persönlich eingesetzt haben. Für diesen persönlichen Einsatz erwarten Sie ein Entgegenkommen von Ihrem Gesprächspartner.

Taktik des „Feuerlöschers"

Mal angenommen, Sie sind mit Ihren Forderungen über das Ziel hinausgeschossen und Ihr Verhandlungspartner will die Verhandlung abbrechen. Seine Angebote jedoch sind so interessant für Sie, dass Sie nicht darauf verzichten wollen. Der Brand in der Gesprächsatmosphäre der von Ihnen gelegt wurde, sollte nun von Ihnen gelöscht werden. Bekennen Sie sich dazu, dass ein Versuch der Reduzierung sicher nicht schädlich sei und Ihr Gesprächspartner sicher genauso gehandelt hätte. Mit einer offenen Frage, welche Möglichkeiten Ihr Partner sieht, um doch noch zu einem Geschäftsabschluss zu kommen, öffnen Sie wieder die Tür. Bewegen Sie sich auf eine gemeinsame Entscheidung hin. Häufig gibt es hierbei noch ein weiteres Entgegenkommen Ihres Verhandlungspartners.

Taktik für besonders mutige Einkäufer **„Der Bestellschein"**

Diese Taktik ist sicher nur für ganz Mutige geeignet. Bereiten Sie vor einem Abschlussgespräch einen Bestellschein über die besprochen Verhandlungsgegenstände vor. Die Preise oder Konditionen lassen Sie offen. Zum richtigen Zeitpunkt im Abschlussgespräch legen Sie Ihrem Gesprächspartner diesen Bestellschein vor, mit der Bitte, hier noch seine Preise oder Konditionen einzutragen. Vermitteln Sie Ihrem Gesprächspartner auch gleich, dass er den Auftrag auch heute mitnehmen kann. Der von Ihrem Gesprächspartner ergänzte Bestellschein wird häufig andere Konditionen haben, als ursprünglich besprochen wurde. Gehen Sie in dieser Situation immer davon aus, dass ein Verkäufer diese Gelegenheit nutzt, auch noch etwas drauflegt, um den Auftrag mitzunehmen. Wenn Sie damit nicht einverstanden sind, zerreißen Sie den Bestellschein vor den Augen des Verkäufers. Dieser sieht genau in dem Moment, wie seine sicher geglaubte Provision in Papierschnipsel aufgeht und überlegt gleichzeitig, wie er den Auftragsverlust seinen Vorgesetzten erklärt. Viele Verkäufer werden in solchen Situationen versuchen, hier noch Korrekturen einzubringen. Dazu müssen Sie sich in den Verkäufer hineinversetzen können. Wenn es um Abschlussgespräche geht, sind diese auch in seinem Unternehmen bekannt. Die Wahrscheinlichkeit für einen Abschluss wurde von ihm intern als sehr hoch angegeben. Somit hat er auch bei seinen Vorgesetzten bestimmte Erwartungshaltungen geweckt. Was glauben Sie, wie dieser Verkäufer sich fühlt, wenn er ohne den „sicheren Auftrag" in sein Unternehmen geht?

Der Einsatz dieser Taktik muss zu Ihrer Persönlichkeit passen, damit es glaubwürdig rüberkommt. Überlegen Sie dennoch, ob es, auch im Hinblick auf die bestehende Partnerschaft, angebracht ist, diese einzusetzen. Zudem wirkt Sie nicht glaubwürdig, wenn Sie diese Taktik bei demselben Gesprächspartner öfter einsetzen. Allerdings hinterlässt diese Taktik „Eindruck" wie uns Teilnehmer aus unseren Trainings immer wieder bestätigen. Bei den Verhandlungspartnern, die mit dieser Taktik konfrontiert wurden, hilft häufig das „Erinnern" an dieses Vorgehen, um noch etwas rauszuholen.

24. Die Phasen der Vorbereitung im Profilingprozess

Ein Verhandlungsprofiling kann je nach Situation sehr umfangreich werden. Sicher wird nicht jeder auf jedes der aufgeführten thematischen Felder zurückgreifen müssen. Nutzen Sie diese Profiling-Checkliste für Ihre Vorbereitung.

MERKE:

> Die wichtigste Verhandlungsphase ist die Vorbereitung, denn die Vorbereitung ist die einzige Phase im Ablauf einer Verhandlung, die Sie selbst im Griff haben.

24.1 Profilingtool – Allgemeine Vorbereitung

Als Gastgeber einer Verhandlung sind Sie in der Verantwortung, dass sich Ihr Verhandlungspartner bei Ihnen wohlfühlt. Das Wohlfühlen beginnt schon damit Ihrem Verhandlungspartner zu erleichtern, den Weg zu Ihnen zu finden. Senden Sie ihm eine Wegbeschreibung in einer E-Mail und wenn vorhanden, auch einen Lageplan Ihres Unternehmens, wenn es sich z.B. um größere Unternehmen mit mehreren Zufahrtsmöglichkeiten, wie z.B. eine Fabrik, handelt.

Stellen Sie auch sicher, dass Ihr Empfangspersonal von Ihrem Termin weiß. Es ist im Grunde genommen unglaublich, was sich in sehr vielen Fällen am Empfang abspielt. Nachdem der Wunsch geäußert wird, den Partner, mit dem man verabredet ist zu sprechen, erlebt man vielfach, so oder ähnlich, einen immer gleich lautenden Dialog:

„Sie wollen zu Herrn / Frau .... Moment, ich schaue mal nach." *„Oh entschuldigen Sie, Herr / Frau ... hat jetzt eine Besprechung. Da kann ich jetzt nicht stören."*

Überflüssig zu erwähnen, dass wir, die Wartenden, die Teilnehmer der Besprechung sind.

24.2 Profilingtool – Besprechungsraum

In der Praxis werden Sie Verhandlungen häufig in Ihren eigenen Räumen führen. Dazu ist es notwendig, dass Sie für Ihre Verhandlung einen geeigneten Raum zur Verfügung stellen. Das ist doch selbstverständlich, werden Sie jetzt denken. Vielleicht für Sie. Neben Ihnen gibt es doch eine Vielzahl an Einkäufern/innen für die die Raumbeschaffung offensichtlich nicht wichtig ist. Was glauben Sie, wie oft wir von unseren Gesprächspartnern empfangen, begrüßt und um einen Moment Zeit gebeten wurden, weil kein Raum zur Verfügung stand. *„Ich muss mal eben schauen, wo ein Raum frei ist."* Welchen Eindruck vermitteln Sie denn hier? Es geht ja nicht nur um den Raum. Wie sieht es denn mit dem Catering aus. Wie viel Zeit geht verloren, wenn auch die möglicherweise benötigte Medienausstattung nicht vorhanden ist? Auch hier ist eine professionelle Vorbereitung notwendig.

So bereiten Sie Ihren Besprechungsraum professionell vor:

Checkliste 3:   Vorbereitung Besprechungsraum

Ist der Raum für ___Teilnehmer reserviert worden?
Ist der Raum sauber und gelüftet?
Hat der Raum genügend Tageslicht?
Sind die Tische richtig gestellt?
Sind genügend Stühle vorhanden?
Welche Medienausstattung wird benötigt?
○ Beamer ○ Leinwand ○ Whiteboard – Stifte ○ Flipchart – Papier – Stifte ○ Overhead Projektor
Sind Medien und Material auf Funktionalität überprüft?
Sind Getränke, Kaffee / Tee und Gebäck vorhanden?
Ist für Imbiss gesorgt?
Sind ausreichend Geschirr, Besteck und Gläser vorhanden?
Ist unser Empfang über den Besuch informiert?
Sind Parkplätze für unsere Besucher reserviert?
Wer reserviert ein Restaurant bei auswärtigem Essen, etc.?
Sonstiges

24.3 Profilingtool – Sitzordnung im Team

Nutzen Sie jeden Vorteil, der sich für Sie ergeben kann, wenn Sie eine Verhandlung vorbereiten. Sie müssen entscheiden, ob es ein Heimspiel oder ein Auswärtsspiel werden sollen. Die Vorteile eines Heimspiels liegen auf der Hand. Sie können die Sitzordnung, die Tagesordnung und die Pausen bestimmen. Zudem bereitet Ihnen eine Verhandlungsverlängerung weniger Probleme als Ihren Verhandlungspartnern, die möglicherweise eine lange Heimreise verschieben müssen.

Einen wichtigen Einfluss auf Klima und Ablauf der Verhandlung hat die Sitzordnung, wenn mehrere Verhandlungsteilnehmer am Tisch sitzen. Sie hat durchaus etwas von einem Schachspiel und orientiert sich in der Regel an zwei Grundmustern.

Beide Seiten sitzen sich frontal gegenüber. Dies betont die Fronten der beiden Seiten. Wichtig ist, jedes Team-Mitglied entsprechend seiner Rolle und Fähigkeiten zu platzieren; Ihre Mannschaft sollte einen geschlossenen Eindruck vermitteln. Diese Sitzordnung empfiehlt sich vor allem bei „harten" oder langwierig-komplexen Verhandlungen.

Eine weniger formelle, scheinbar zwanglosere Sitzordnung ist das so genannte **„Runde-Tisch-Gespräch"**. Eine solche Anordnung schafft eine entspannte Atmosphäre und empfiehlt sich für eher partnerschaftliche Verhandlungen, wie etwa Absprachen über künftige Kooperationen.

Beachten Sie bei der Sitzordnung drei wichtige Grundregeln:

> ➢ Die beiden Leiter sollten sich stets gegenübersitzen

> ➢ Der „Gute" sollte möglichst neben dem Leiter platziert sein und mit ihm eine Einheit bilden

> ➢ Ihr „Hardliner" sollte möglichst weit weg vom „Hardliner" der Gegenseite sitzen

Wie auch immer die Gesprächsteilnehmer platziert sind, wichtig ist der Blickkontakt. Sie brauchen ihn, um die Stimmung der Gegenseite einschätzen zu können, Rückmeldungen aus dem Team zu bekommen, Irritationen und Fehlhandlungen zu vermeiden. Versuchen Sie immer Einfluss auf die Sitzordnung zu nehmen. Dabei sollten Sie sich von drei Gesichtspunkten leiten lassen, die von der Dynamik Ihres Teams abhängen:

> ➢ Wollen Sie eine geschlossene Front bilden und zusammensitzen?

> ➢ Wollen Sie die Gegenseite „aufbrechen", indem Sie sich zwischen deren einzelne Team-Mitglieder setzen?

> ➢ Möchten Sie vom Kopfende des Tisches aus die Fäden ziehen?

Wenn Ihnen eine Sitzordnung zugewiesen wird, dann sollten Sie versuchen, deren strategische Logik zu ergründen. Sie erhalten so wichtige Aufschlüsse über die Gegenseite: deren Ansichten, ihren Status, aber auch, ob Sie es mit zwanglosen oder harten Gesprächsteilnehmern zu tun haben.

Vermeiden Sie nach Möglichkeit, dass Ihre Verhandlungspartner geschlossene Fronten bilden können. Platzieren Sie dessen Mitglieder zwischen Ihr Team, setzen Sie den „aggressivsten" Teilnehmer der Gegenseite direkt neben den Leiter Ihres Teams. Setzen Sie Ihren möglichen „Hardliner" weit weg vom „Hardliner" des Verhandlungspartners.

25. Profilingtool – Die Vorbereitung auf das Unternehmen

Wissen ist Macht. Davon sollten Sie sich leiten lassen. Im Businessbereich geht es darum, mit Ihrer Lösung dem Verhandlungspartner zum Erfolg zu verhelfen. Andererseits erwarten Sie selbst eine gute, akzeptable Lösung für Ihr Unternehmen durch das Angebot des Verhandlungspartners. In beiden Fällen sollten Sie wissen, wie das Unternehmen und sein Markt funktionieren. Dazu benötigen Sie Informationen. Sammeln Sie Informationen aus den Medien, aus Presseberichten aus Geschäftsberichten. Lassen Sie nichts aus. Auch das Internet stellt viele Informationen zur Verfügung.

Folgende Checkliste wird Ihnen weiterhelfen:

Checkliste 4:   Vorbereitung auf das Unternehmen

Welche Marktstellung hat das Unternehmen?
Wie ist der aktuelle Marktanteil und die Position des Unternehmens?
Welchen Wert und welche Ertragslage hat das Unternehmen?
Wie lauten die Geschäftsziele der Gegenseite?
Wo liegen die diesbezüglichen Stärken und Schwächen?
Welchen externen Chancen und Gefahren ist die Gegenseite ausgesetzt?
Wächst, stagniert oder schrumpft ihr Markt?
Welche Zukunftspläne gibt es?
Welche Zielgruppen werden bedient?
Welches Produkt- / Dienstleistungsportfolio bildet den Schwerpunkt?
Ist eine Marktführerschaft in bestimmten Produkten/Dienstleistungen gegeben?
Wie sieht die Innovationsbereitschaft aus?
Sind Geschäftsausweitungen / Fusionen geplant?
Gab es nachprüfbare Liquiditätsengpässe in der Vergangenheit?

Gab es schon eine Zusammenarbeit und welche Ergebnisse liegen daraus vor?
Wer in meinem Unternehmen hat schon Erfahrungen mit diesem Unternehmen gesammelt?
Welches Vertrauensverhältnis besteht zwischen diesen Personen?
Wie groß war das Einkaufs- / Umsatzvolumen?
Welche internen Informationen liegen dem Lieferanten über uns vor?
Wie war die Zusammenarbeit bisher?
Liegen mir die bisherigen Erfahrungen mit dem Unternehmen ausgewertet vor?
Für welche Bereiche existieren gleichwertige Unternehmenspartner?
Mit welchen meiner Wettbewerber arbeitet er zusammen?
Seit wann arbeitet er mit meinen Wettbewerbern zusammen?
Wie zufrieden sind meine Wettbewerber mit seinem Portfolio?
Welche Wettbewerbsprodukte / -Dienstleistungen gibt es?
Was weiß ich über diese Produkte / Dienstleistungen?
Welche objektiven Stärken und Schwächen haben diese?
Kann ich Erfahrungswerte von Branchenpartnern einbeziehen und von wem?
Steht der Lieferant aktuell unter Abschlussdruck?
Welche Schwächen sind erkennbar?

26. Profilingtool – Die Profile der Verhandlungspartner

26.1 Seitenwechsel: Verkäufer arbeiten mit Persönlichkeitstypologien

Verkaufsgespräche von Verkäufern werden erfolgreicher sein, wenn sie ungünstige Verhaltensweisen bei ihrem Gesprächspartner erkennen und sie in der Lage sind, diese für sich und ihre Verhandlung zu nutzen. Sie überprüfen auch ihren eigenen Stil, mit Blick darauf, inwiefern der eigene Stil die Verhandlung beeinflussen kann. Zudem werden viele Verkäufer heute mit Verhaltenstypologien in Trainings vertraut gemacht und nutzen diese Persönlichkeitstypologien für ihre Aufgaben. Eine häufig genutzte Persönlichkeitstypologie ist die analytische – kontrollierende – unterstützende und fördernde Typologienstruktur.

Aus diesen Typologiestrukturen lassen sich unterschiedliche Verhaltensmerkmale ableiten:

Die **analytische Typologie** beschreibt folgende Verhaltensmerkmale:

> ➢ präzise, ordentlich, formell und ausdauernd
>
> ➢ rational und zuverlässig
>
> ➢ pflichtbewusst und gründlich
>
> ➢ die Aufgabe ist häufig wichtiger als die Person
>
> ➢ kontrolliert und seriös
>
> ➢ motiviert durch Logik und Fakten
>
> ➢ trifft keine schnellen Entscheidungen
>
> ➢ bevorzugt schriftliche Informationen und Details
>
> ➢ sucht Sicherheit, Stabilität und Ruhe
>
> ➢ ist eher vorsichtig
>
> ➢ kritisch, skeptisch und distanziert
>
> ➢ strikte Zeitplanung

Die **kontrollierende Typologie** beschreibt folgende Verhaltensmerkmale:

> ➢ eher aufgaben- als menschenorientiert
>
> ➢ energisch, kraftvoll und entscheidungsfreudig
>
> ➢ emotionslos
>
> ➢ setzt auf Effizienz und Effektivität
>
> ➢ kontrollierend, leistungsorientiert und häufig auch hektisch
>
> ➢ selbstbewusst
>
> ➢ ungeduldig
>
> ➢ immer auf der Suche nach Herausforderungen
>
> ➢ schlechter Zuhörer

Die **unterstützende Typologie** beschreibt folgende Verhaltensmerkmale:

> ➢ beziehungsorientiert, kümmert sich mehr um andere als um sich selbst
>
> ➢ glaubt an das Gute im Menschen

- ➤ respektvoll und entgegenkommend
- ➤ freundlich
- ➤ emotional
- ➤ herzlich, fürchtet sich davor, andere zu enttäuschen
- ➤ Teamplayer, scheut Auseinandersetzungen
- ➤ wenig zielorientiert

Die **fördernde Typologie** beschreibt folgende Verhaltensmerkmale:
- ➤ unterhaltsam und fröhlich
- ➤ kontaktfreudig, schließt schnell Freundschaften
- ➤ reagiert schnell und intuitiv
- ➤ schlagfertig und guter Redner
- ➤ begeisternd, überzeugend, flexibel,
- ➤ offen, vielseitig informiert
- ➤ optimistisch, risikofreudig, kreativ
- ➤ mag keinen Stillstand, Routine und Mittelmaß
- ➤ schnelle Auffassungsgabe, kann gut improvisieren
- ➤ eher breit als tief interessiert

Bei diesen Typologien handelt es sich um Idealbeschreibungen von Merkmalen und Zuordnungen. In der Realität treten häufig Mischungen aus diesen unterschiedlichen Typologien auf.

Für den Verkäufer lassen sich, durch die unterschiedlichen Ausprägungen dieser Merkmale, Bilder von seinen Gesprächspartnern darstellen. Für Verkäufer bilden sich die Typen des Machers, des Bewahrers und des Druckvollen auf der Gegenseite.

26.2 Seitenwechsel: Ein, zwei, drei Verhandlungstypen

Zunehmend komplexere Verhandlungssituationen werfen für den Verkäufer immer häufiger die Frage auf, mit wem er es zu tun hat.

Ist es der konzeptionelle Mensch, der Macher, der Konzepte und Aktionen entwickelt und umsetzt?

Ist es der kommunikative Mensch, der immer in der Lage ist, eine Atmosphäre des Vertrauens aufzubauen und durch seine Persönlichkeit Erfolge erzielt?

Ist es der strategisch ausgerichtete Mensch, dem das ganz normale Tagesgeschäft ein Graus ist. Dessen Fokus nur auf Langfristigkeit und auf Erfolge, die erst morgen oder übermorgen realisiert werden, ausgerichtet ist.

Oder ist es der präsentationsorientierte Mensch, der in der Regel sehr technisch und faktenorientiert ist. Der sehr gut mit Partnern umgehen kann, die genau seinem technischen Niveau entsprechen.

Letztendlich lassen sich mit dem Wissen um die unterschiedlichen Persönlichkeitstypologien für den Verkäufer drei Verhandlungstypen klassifizieren.

Verkäuferdefinition eines „WEICHEN" Verhandlers

Dieser Typ zeichnet sich in erster Linie durch eine mittlere bis geringe Motivation in seinem Arbeitsumfeld aus.

Abbildung 14:   Weicher Verhandler

Er erkennt seine Motivation und sein Engagement unter anderem an der Art seiner fachlichen Vorbereitung. Mitarbeiter aus den Fachbereichen werden in den seltensten Fällen für die fachliche Vorbereitung befragt bzw. einbezogen. Hier verlässt er sich hauptsächlich auf seine eigenen Kenntnisse. Eigene Fehler werden nicht analysiert. Seine Gewohnheit, nach immer neuen Ausflüchten zu suchen oder auch anderen den schwarzen Peter zuzuschieben, wenn eine Verhandlung mal wieder nicht das (geplante) Ergebnis brachte, statt eine klare Vorgehensweise auszuarbeiten, zeichnet diesen Typ weiterhin aus.

Es überwiegt die mangelnde Bereitschaft, eigene Ziele und eigene Pläne schriftlich festzulegen und zu terminieren. Ziele für die Verhandlung werden mit der Aussage *„Schauen wir mal, was da so geht"* definiert, oder (im besten Fall) weich formuliert.

Im Laufe der Verhandlung erkennt er seine Machtlosigkeit und wählt den leichtesten Weg.

Sein Motto heißt häufig „Leben und leben lassen." Zudem übernimmt er häufig die Position seines Verhandlungspartners und vertritt mehr die Interessen seines Verhandlungspartners gegenüber den eigenen Vorgesetzten.

Er ist nicht in der Lage, eine Verhandlung zu führen, dadurch ist die Gesprächsführung häufig auf der Seite der Verkäufer. Zudem lässt er sich leicht beeinflussen, ist häufig nachgiebig und sehr kompromissbereit.

Grundsätzlich fehlt es an der Bereitschaft etwas „Neues" für seinen eigenen Erfolg zu lernen. Seine Philosophie beruht auf Aussagen wie z.B. *„Das habe ich immer schon so gemacht."*

Verkäuferdefinition eines „DRUCK" Verhandlers

Dieser Typ zeichnet sich ebenfalls durch eine mittlere bis geringe Motivation in seinem Arbeitsumfeld aus.

Abbildung 15:   Druck Verhandler

Auch seine Motivation, sein Engagement und die Art seiner fachlichen Vorbereitung, unterscheidet sich zunächst nicht vom dem „Weichen" Verhandlungstyp.

Er sieht sich als Einzelkämpfer, das ist auch der Grund weshalb Mitarbeiter aus den Fachbereichen in den seltensten Fällen zur Vorbereitung befragt bzw. einbezogen werden. Sein Ziel steht fest. Davon lässt er sich nicht abbringen. Einleuchtende Argumente oder Alternativen von der Gegenseite werden rigoros unterbunden. Er hält stur am eingeschlagenen Weg fest. Drohungen sind in seiner Gesprächsführung keine Seltenheit, auch wenn diese einen unfairen Charakter darstellen. Er nimmt häufig keine Rücksicht auf die Interessen des Verhandlungspartners. Forderungen werden als absolute Bedingung für eine Einigung definiert. Ohne deren Erfüllung sei kein Abschluss möglich. Sein Motiv besteht darin Druck auf den Verhandlungspartner auszuüben.

Sein Motto heißt häufig *„So oder gar nicht."*

Auch diesem Typ fehlt es an der Bereitschaft, etwas „Neues" für seinen eigenen Erfolg zu lernen. Seine Philosophie beruht auf Aussagen wie z.B. *„Ich sitze am längeren Hebel, der will doch was von mir."*

Verkäuferdefinition eines „TOP" Verhandlers

Dieser Typ zeichnet sich durch eine hohe Motivation und hohes Engagement in seinem Arbeitsumfeld aus. Er bezieht den Fachbereich für eine gemeinsame Strategie ein und ist daher sehr gut vorbereitet.

Abbildung 16:   Top Verhandler

Seine Ziele sind Zukunftsvorstellungen, zu deren Realisierung er sehr viel tun wird. Klare schriftlich formulierte Zieldefinitionen sind der Maßstab, an dem jede seiner Aktivitäten zu messen sind. Seine Fragestellung lautet nie, was und wie verhandelt wurde, sondern was erreicht wurde!

Zudem ist er sehr flexibel in der Strategieausrichtung. Er bevorzugtes, dem Verhandlungspartner aufzuzeigen, welche Vorteile und Nutzen ihm eine Lösung im eigenen Sinne bringt. Er setzt voraus, dass sein Verhandlungspartner die Beweglichkeit zeigt, die er selbst an den Tag legt. Damit ist ein aufeinander zugehen garantiert. Fairness und gesunde Härte ist seine Basis um eine „WIN-WIN"-Situation herzustellen. Er nutzt seinen positiven Wortschatz. Statt *„billig"* nutzt er die Alternative *„preis-wert"* statt *„Preisverhandlungen"* bevorzugt er *„Kostendiskussionen".*

Eigene Fehler werden sofort analysiert. Er denkt an den Gesprächseinstieg zurück. Mit welchen Fragen wollte er diese Phase aufrollen? Wie gut war die Analyse? Welcher Weg wurde gewählt, um unserem Verhandlungspartner unser Angebot nahe zu bringen?

Dieser Verhandler Typ ist eine große Herausforderung für jeden Verkäufer. Gute Verkäufer befassen sich nach den Verhandlungen mit einer Selbstanalyse. Eine gute Basis für eine Selbstanalyse nach Verhandlungen könnte folgende Auflistung von Fragen darstellen.

Checkliste 5:   Selbstanalyse eines Top-Verhandlers

Habe ich mich ausreichend auf die Verhandlung, meinen Gesprächspartner und sein Anliegen vorbereitet?
Habe ich mir im Vorfeld eine Strategie für die Verhandlungen überlegt?
Habe ich meine Ziele erreicht?
Wenn nein, waren meine Ziele realistisch?
Kann ich den Grund für das Scheitern festmachen?
Kann ich aus dem Scheitern etwas lernen und was wäre das?
Sind mir die Kriterien meines Verhandlungspartners für zurückliegende Entscheidungen klar geworden?
Hat mein Verhandlungspartner verstanden, welchen Nutzen meine Leistung / Produkt für ihn hat?
Habe ich verschiedene Techniken angewandt, um meinem Verhandlungspartner mein Angebot zu unterbreiten?
Habe ich den Preis / die Forderung schlüssig und problemlos vermitteln können? Wenn ja, welche Methode habe ich dabei angewandt?
Was war gut, was war weniger gut?

26.2.1 Lernen Sie Ihre Verhandlungspartner kennen

Neben den sachlichen Themen interessiert uns auch der Mensch, der uns als Verhandlungspartner gegenübersitzt. Dazu sollten Sie Ihn einschätzen können. Hilfreich ist die Frage nach der Glaubwürdigkeit Ihres Verhandlungspartners. Häufig können Sie aus den Inhalten seiner Sprache Rückschlüsse ziehen. Nutzt er Worthülsen oder drückt er sich präzise aus? *„Das ist für uns Routine, das machen wir täglich.",* ist so eine klassische Aussage, die Sie sicher schon häufig gehört haben. Wie hoch ist bei dieser Aussage der Informationsgehalt für Sie und was bringt diese Aussage für Sie? Zudem gehen Verkäufer vielfach davon aus, dass es bei Gesprächen mit Einkäufern immer um den Preis geht. *„Heute habe ich ein ganz besonderes Angebot für Sie. Wenn Sie sich schnell entscheiden, erhalten Sie das Produkt für 100 Euro."* Wenn Sie nicht nach dem Preis gefragt haben und Sie dennoch mit einer solchen oder ähnlichen Aussage konfrontiert werden, können Sie auch davon ausgehen, dass er diese Preise absichtlich zu seinen Gunsten kalkuliert hat. Vielleicht steht er auch unter einem hohen Verkaufsdruck. Weshalb sonst sollte er Ihnen grundlos Sonderkonditionen anbieten? Hier ist ein leichtes den Verkäufer mit weiteren Zugeständnissen oder Forderungen zu konfrontieren. Wie sieht es mit der Bekanntgabe von Referenzen aus? Kann er Ihnen die gewünschten Referenzen sofort nennen oder muss er erst im Büro nachfragen. Ein guter Verkäufer hat immer eine Referenzliste mit einem Ansprechpartner aus seinem Kundenkreis parat. Wenn er sich hier ziert sollten Sie sich über seine Glaubwürdigkeit einige Gedanken machen. Ein weiterer Punkt zur Einschätzung Ihres Gesprächspartners ist die Thematik der Zuverlässigkeit. Wenn es ein neuer Lieferant ist, sollten Sie sich durch Referenzen über die Zuverlässigkeit informieren. Wenn es ein bestehender Lieferant ist, haben Sie sicher Zugriff auf die Historie der bisherigen Beziehungen. Auch hier lassen sich viele Ableitungen herbeiführen. Nicht zu unterschätzen sind auch die sachlichen und fachlichen Komponenten bei Ihrem Verhandlungspartner. Wie gut kennt er sich in der Branche aus? Ist er jemand, der mit Ihnen gemeinsam konkrete Vorschläge erarbeitet oder muss er bei jeder Kleinigkeit auf seine internen Ressourcen zurückgreifen, die die sachliche Ebene betreffen? Eine der wichtigsten Fragen bei der Einschätzung ist die Frage nach der Kooperationsbereitschaft. Hier lässt sich sehr schnell erkennen, ob er mit Ihnen auf gleicher Augenhöhe verhandeln will, ob er Interesse an individuellen Lösungen hat oder ob er zu sehr an seinen eigenen Vorteil denkt. Ein klassisches Merkmal für nicht kooperative Verhandlungsstile sind Monologe von Verkäufern. *„Lassen Sie uns später über diesen Punkt sprechen, ich möchte erst meine Ausführungen beenden."* Das haben Sie bestimmt schon häufiger gehört. Hier haben Sie es mit Meistern der Verdrängungskunst zu tun. Im Grunde werden Ihre Einwände und Vorbehalte von diesen Menschen nicht ernst genommen. Häufig wird der verdrängte Sachverhalt auch nicht mehr ins Gespräch einfließen. Achten Sie hier auf Ihre eigenen Ziele, die Sie für die Verhandlungen aufgestellt haben.

Abbildung 17:   Profile des Verhandlungspartners

Das Wissen um seine Verhandlungspartner ist Gold wert. Dazu sollten Sie wie in Kriminalfällen ein genaues Personenprofil – je konkreter, desto besser – erstellen. Das Profil für das Verhandlungsprofiling listet Details über die Stellung im Unternehmen, persönlichen Verhaltensweisen und Werte des Anderen auf.

Nur wenn Sie Ihren Partner kennen und sich bestens vorbereitet haben, können Sie erfolgreich verhandeln! Fragen Sie sich auch, welche Rolle Ihr Gesprächspartner im Verhandlungsprozess einnimmt. Wie ist seine Einflussmöglichkeit auf Planung, Verkauf und Ergebnis der Verhandlung? Beachten Sie auch Ihren individuellen Sympathie- oder Antipathiefaktor.

MERKE:

> Wenn Sie „wissen", nicht glauben oder vermuten, mit wem Sie es zu tun haben, sind Sie von Anfang an in einer besseren Position!

Erarbeiten Sie ein Personenprofil für jeden Ihrer Verhandlungspartner.

Dazu hilft diese Checkliste weiter.

Checkliste 6:   Profil der Verhandlungspartner

Welche Beziehungen bestehen zwischen mir und dem Unternehmen des Verhandlungspartners?
Welche Position hat er innerhalb seines Unternehmens, und wie ist seine Stellung?
Welche Personen haben neben meinem Verhandlungspartner zusätzlich Einfluss auf das Verhandlungsergebnis?
Wie ist die Entscheidungsstruktur in dem Unternehmen meines Verhandlungspartners, und wer sind die Vorgesetzten meines Verhandlungspartners?
Wer sind seine Vorgesetzten?
Welche Einstellungen haben die Vorgesetzten?
Welche Entscheidungsbefugnis besitzt er?
Gab es in der Vergangenheit schon Berührungspunkte mit dem Verhandlungspartner, wenn ja mit wem und welche?
Wie hat sich der Verhandlungspartner dabei verhalten?
Wen außer mir kennt mein Verhandlungspartner noch in meinem Unternehmen?
Gab es schon Gespräche, Verhandlungen mit dem Verhandlungspartner?
Welche Resultate hatten diese Bemühungen, und wie sind diese zustande gekommen?
Mit wem aus meinem Unternehmen besteht ein besonderes Vertrauensverhältnis, und wie ist es entstanden?

Welche geschäftlichen Ziele will mein Gesprächspartner erreichen?
Wie sehen seine konkreten Ziele aus?
Welche Ergebnisse strebt er in unserer Verhandlung an?
Was muss er für sein Unternehmen erreichen?
Wie führt er Entscheidungen herbei?
Welche fachlichen und sachlichen Kompetenzen hat er?
Welche Handlungsmotive leiten meinen Verhandlungspartner?
Bei welchen Themen wird mein Verhandlungspartner schwach?
Welche immer wiederkehrenden Argumente nutzt mein Verhandlungspartner?
Welche Sprache muss ich nutzen, damit ich bei Ihm „andocken" kann?
Welche Schlüsselbegriffe sind für Ihn wichtig?
Wie muss der Nutzen konkret aussehen, damit mein Gegenüber diesen als lohnend bewertet?
Wo muss ich konkret ansetzen, um diesen Nutzen überzeugend zu kommunizieren?
Was ist die passgenaue Story für den Verhandlungspartner?
Welche Verhaltensweisen und Gesprächsstrategien können zu Widerständen oder in die falsche Richtung führen?
Steht er unter Verkaufs- / Erfolgsdruck?
Welche Vorgaben / Ziele (Umsatzvorgaben Monat – Quartal – Jahr) hat er?

26.2.2 Werden Sie „spezifisch"

Vielleicht haben Sie schon einige Gespräche oder sogar Verhandlungen mit dieser Person geführt. Oder einer Ihrer Kollegen kennt diese Person aus seinen Gesprächen. Verschaffen Sie sich alle möglichen Informationen, dann wird es Ihnen leicht fallen, Ihr Personenprofil mit der Beantwortung nachfolgend aufgeführten Fragen zu vervollständigen.

Checkliste 7:   Spezifisches Personenprofil

Was weiß er über mich?
Was sind seine Verhandlungsstärken?
Was sind besondere Merkmale seiner Verhandlungsführung?
Welche Verhaltensmuster kann ich ihm zuordnen?
Welche Argumente benutzte er in der Vergangenheit?
Auf welche meiner Argumente reagierte er positiv oder negativ?
Welche Einwände benutzte er in der Vergangenheit?
Wie kann ich darauf reagieren?
Auf welche Einwände muss ich mich besonders vorbereiten?
Wie geht er mit meinen Einwänden um?
Nimmt er meine Argumente ernst?
Spricht er offen über zusätzliche Leistungen, Garantien, Reklamationsquoten, etc.?
Redet er gerne und viel?
Ist er ein guter oder schlechter Zuhörer?
Welchen Charakter / Typus kann ich ihm zuordnen?

Ihr Verhandlungspartner wird auch immer einige Interessen haben, die er Ihnen nicht mitteilen will, weil Sie vielleicht seine eigene Verhandlungsposition schwächen. Mit offenen Fragen und aktivem Hin-Hören werden Sie die Möglichkeit haben, diese Interessen zu hinterfragen. Ein Grund können finanzielle Schwierigkeiten sein oder der Druck möglichst schnell einen Verkauf zu erzielen. Auch diese Kenntnisse können Ihre eigene Verhandlungsposition stärken.

Ergänzen sollten Sie diese Checkliste noch mit persönlichen Interessen, möglichen Gemeinsamkeiten und Sympathiewerten Ihres Verhandlungspartners. Bei jedem Menschen setzen wir das Bedürfnis nach Geltung und Anerkennung voraus. Diese Kenntnis hierüber können Sie in jeder Verhandlung für Ihre eigenen Ziele nutzen. Sie werden Ihren Verhandlungspartner leichter überzeugen, wenn Sie Ihn mit dezenten Anerkennungen loben. Das setzt voraus, dass Sie genau hinhören, Ihre Aufmerksamkeit uneingeschränkt auf Ihren Gesprächspartner richten, um alle positiven Eigenschaften und Signale zu erkennen. z.B. *„Ich finde es toll, dass Sie so konsequent Ihren Standpunkt vertreten."* oder *„Ihre unternehmerische Denkweise gefällt mir."*

Listen Sie alle die Ihnen zur Verfügung stehenden Informationen auf und werten Sie diese für Ihre eigene Verhandlungsführung im Vorfeld aus.

26.2.3 Wer sitzt noch am Verhandlungstisch?

In vielen Verhandlungen werden nicht immer die Entscheider Ihrer Verhandlungspartner am Tisch sitzen. Es wird auch schwierig sein ein Profil für alle am Verhandlungsprozess beteiligten Personen zu erstellen, besonders dann, wenn Sie diese Personen gerade erst kennenlernen. Dennoch werden Ihnen folgende Fragestellungen auch in diesem Fall für Ihren Verhandlungserfolg weiterhelfen:

Checkliste 8:   Wer sitzt noch am Verhandlungstisch

Wer ist am Verhandlungstisch der heimliche Meinungsführer?
Wer ist der Experte in der Verhandlungsrunde?
Wessen Wort wird den Ausschlag geben?
Wer ist der informelle Entscheider?

Welche persönlichen Beziehungen gibt es im Verhandlungsteam?
Welche Punkte können bei wem besonders empfindlich sein / werden?
Welche persönlichen Vorteile/Nachteile können sich für den Einzelnen ergeben?
Welcher Nutzen kann dem Einzelnen weiterhelfen?
Wer in der Runde trägt das größte Risiko bei einer Fehlentscheidung?
Wer kommt mit wem aus, oder gerade nicht?

26.2.4 Setzen Sie sich auch mit Persönlichkeitstypologien auseinander

Auch Ihre Verhandlung wird eher erfolgreich sein, wenn Sie ungünstige Verhaltensweisen bei Ihrem Gesprächspartner erkennen und Sie in der Lage sind diese für sich und Ihre Verhandlung zu nutzen. Überprüfen auch Sie Ihren eigen Stil inwiefern er die Verhandlung beeinflussen kann. Hier wird es noch eine Menge Ansätze geben, die für Sie wichtig sein können. Wie Verkäufer sollten auch Sie sich mit Verhaltensmustern auseinandersetzen.

Einen **guten Verkäufer** erkennen Sie

> ➤ daran, dass er sich durch Fakten überzeugen lässt

> ➤ daran, dass er ein klares Ziel hat und das auch vermittelt

> ➤ an seiner strukturierten Vorgehensweise

> ➤ daran, dass er selbstbewusst auftritt

> ➤ an seiner Seriosität und seiner klaren Meinung

> ➤ daran, dass er auch über seine Gefühle redet

> ➤ an seiner Begeisterung

Einen **unsicheren Verkäufer** erkennen Sie

> ➤ daran, dass er nur auf seinen Emotionen vertraut

> ➤ daran, dass er mehr redet, statt hinzuhören

> daran, dass er nur situationsorientiert agiert

> an seinem mangelnden Selbstbewusstsein

> an seiner unstrukturierten Vorgehensweise

> an seiner zurückhaltenden Art

> daran, dass er Ihnen häufig ins Wort fällt

26.2.5 Erstellen Sie sich ein Verhaltensmuster – Stärken-Schwächen Profil

Nachdem Sie Ihren Verhandlungspartner analysiert haben, lassen sich sehr schnell Stärken auf der einen Seite feststellen, auf der anderen Seite werden gleichermaßen Schwächen offenbar. Die hier gesammelten Erkenntnisse werden Ihnen in der Verhandlung auf alle Fälle weiterhelfen. Sei es, dass Sie kritische Punkte erkennen, um sich darauf gezielter vorbereiten oder diese verhandlungstaktisch zu einem späteren Zeitpunkt besprechen möchten. Häufig geraten zurückgestellte Inhalte in Verhandlungsgesprächen in Vergessenheit. Achten Sie darauf, dass Sie nicht in die Falle des Zurückstellens laufen. Deshalb notieren Sie sich die Punkte, die für Sie absolut wichtig sind. Nebenbei bemerkt ist es auch interessant für Sie zu wissen, welche Umsatz- und oder Zielvorgaben Ihr Gesprächspartner für sein Unternehmen erreichen soll. Auch hier lassen sich interessante Verhandlungsvorteile ableiten. Nehmen wir einmal an, sie wissen, dass Ihr Verhandlungspartner eine monatliche Umsatz-Sollvorgabe von seinem Unternehmen hat. Wenn Sie feststellen, dass Ihr Gesprächspartner, sofern sie regelmäßig bei ihm einkaufen, in der letzten Woche des laufenden Monats / Quartals öfters anruft um mit Ihnen ein Geschäft zu machen, so kann das ein Indiz dafür sein, das er sein Umsatzziel noch nicht erreicht hat. Es kann sehr hilfreich sein, wenn Sie dann Ihren Verhandlungspartner am letzten Tag des Monats / Quartals zum Gespräch einladen. Insofern sollten Sie zukünftig versuchen, diese Informationen beiläufig in Gesprächen mit Ihren Verhandlungspartnern herauszufiltern. Viele Unternehmen sind mittlerweile monats- bzw. quartalsmäßig aufgestellt, das heißt auch, dass die Verkäufer in diesen Zeiträumen bewertet werden.

Identifizieren Sie aus Ihrer Sicht die offensichtlichen Stärken Ihres Verhandlungspartners. Danach legen Sie fest, wie Sie sich darauf vorbereiten können, um diese Stärken für Ihren Verhandlungserfolg nutzen zu können.

Bei den von Ihnen identifizierten Schwächen stellen Sie sich die Frage, wie Sie diese für Ihren Verhandlungserfolg nutzen können.

Diese Checkliste hilft Ihnen dabei weiter.

Checkliste 9:   Personenprofiling

Name Verhandlungspartner:	
Verhaltensmuster	Worauf muss ich bei diesem Typus besonders achten?
Identifizierte Stärken	Wie bereite ich mich darauf vor?
Seine identifizierten Schwächen	Wie kann ich diese für mein Verhandlungsziel nutzen?

26.2.6 Entscheiden Sie sich für den Entscheider

In dem Buch „The New Successful Large Account Management" aus der Feder der Autoren Miller und Heymann finden wir einen wesentlichen Grundsatz für erfolgreiches Verhandeln. Hierbei handelt es sich um die Klassifizierung der Personenlandschaft beim Verhandeln.

Klären Sie vor jeder Verhandlung, ob Sie mit dem Richtigen verhandeln. Was nutzt die schönste Verhandlungsstrategie, wenn sich am Ende herausstellt, dass Ihr Verhandlungspartner nicht entscheiden kann.

Abbildung 18: Entscheider

Die Rolle der Entscheider

Der Entscheider trifft im Laufe der Verhandlung die Entscheidung zur Zustimmung oder Ablehnung. Der Entscheider muss nicht unbedingt der Verhandlungsführer sein. Diese Rolle kann auch jemand anders übernehmen. Nur der Entscheider hat die Macht über das „JA" oder „NEIN".

Die Rolle der Entscheidungsvorbereiter

Entscheidungsvorbereiter sind alle anderen Personen, die ihre Meinung zu den während der Verhandlungen auf den Tisch gelegten Optionen/Alternativen oder Lösungsmöglichkeiten äußern.

Die Rolle der Informanten

Als Informanten sind alle Personen anzusehen, die in irgendeiner Form mit wertvollen Informationen dienlich sein können. Sie selbst haben nicht unbedingt eine mächtige Position inne, können aber die Stimmung in einem Verhandlungsverlauf erheblich beeinflussen.

Die Rolle der Coaches / Promotoren

Coaches / Promotoren sind all diejenigen, die auf der einen Seite Fürsprecher sind und auf der anderen Seite mit uns sympathisieren. Es lohnt sich, das Vertrauen dieser Menschen zu rechtfertigen!

Wenn Sie alle Personen aus ihrem Verhandlungsumfeld definiert haben, lohnt es sich den Grad der Sympathie bzw. der Antipathie in der Beziehung zwischen Ihnen, Ihren Teammitgliedern und den Beteiligten der Verhandlung zu definieren. Eine Möglichkeit ist die Vergabe von Schulnoten. Den Bewertungen ordnen Sie nun eine Handlungsempfehlung zu. Daraus lassen sich weitere Schritte für Ihr Vorgehen ableiten.

So kann ein Bewertungsbeispiel aussehen:

Note 1 Diese Person ist von uns überzeugt.

Handlungsempfehlung: Hier werden keine besonderen Herausforderungen auf uns zukommen. Person unterstützen.

Note 2 Diese Person verhält sich wohlwollend uns gegenüber.

Handlungsempfehlung: Hier haben wir einen guten Eindruck hinterlassen. Leichte Überzeugungsarbeit ist noch notwendig.

Note 3 Diese Person ist vollkommen neutral.

Handlungsempfehlung: Noch nicht für uns eingenommen. Aufwendige Überzeugungsarbeit notwendig. Wer kann uns helfen?

Note 4 Diese Person ist mit unseren Vorstellungen nicht einverstanden.

Handlungsempfehlung: Gutes Standing. Kann unser Vorhaben blockieren. Wer kann uns helfen die Blockade aufzuweichen?

Note 5 Diese Person hat starke Vorbehalte gegen uns.

Handlungsempfehlung: Hat schon einmal schlechte Erfahrungen mit uns gemacht. Wird unsere Vorstellung blockieren. Wie können wir das ändern?

Note 6 Diese ist uns nicht bekannt, obwohl sie Einfluss hat.

Handlungsempfehlung: Unbedingt kennenlernen. Wer kann uns Zugang zu dieser Person verschaffen?

27. Profilingtool – Vom Motiv zum Verhandlungsziel

Motive sind die Basis und Beweggründe, eine Handlung auszulösen. Grundsätzlich verbergen sich dahinter die Wünsche und die damit verbundenen Ziele, die den Bedürfnisträger z.B. zum Einkauf eines bestimmten Produktes bewegen.

Abbildung 19:   Vom Motiv zum Verhandlungsziel

Allerdings sind diese Bedürfnisse nicht allein maßgebend für den Einkauf. Oft werden sie von weiteren, auch gefühlsmäßig bedingten Bedürfnissen, überlagert. So kauft eine Kundin nicht nur einen Mantel, damit dieser sie wärmt, sondern auch, weil er modisch aussieht und sie damit gut aussieht. Oder der Kunde kauft ein Auto nicht nur als praktisches Fortbewegungsmittel, auch weil er dadurch in der Achtung seiner Kollegen und Nachbarn steigen will.

Bei einer Einkaufsentscheidung können grundsätzlich mehrere Motive im Spiel sein. Harmonieren diese Motive miteinander, begünstigen sie eine Entscheidung; konkurrieren sie miteinander, erschweren oder blockieren sie die Entscheidung.

Diese Motive sind, wenn auch oft unbewusst oder unausgesprochen, die Grundlage für oder gegen eine Entscheidung und sind daher von größter Wichtigkeit für die Verhandlung.

Beispielsweise könnten Ihnen als Einkaufsleiter persönliche Ziele vorgegeben sein, die einerseits Einkaufskostenreduktionen andererseits Versorgungssicherungen oder Lieferantenreduktionen zum Ziel haben.

Um diese Ziele zu erreichen, sollten Sie sich über die klassischen Handlungs- und Kaufmotive bewusst werden.

Ein kleines Alltagsbeispiel für mögliche unterschiedliche Kaufmotive am Beispiel eines Jeanskaufes.

Ein Damen / Herrenausstatter bietet nun drei Möglichkeiten.

Er bietet eine Jeans in einem absoluten Billigpreissegment, eine Jeans im mittleren Preissegment und eine Jeans in einem Hochpreissegment an. Lassen Sie uns einmal die möglichen Kaufmotive betrachten.

Kaufmotiv eins

Bei diesem Beispiel soll nicht viel Geld ausgeben werden. Eine Jeans sollte es schon sein. Blau und mit Nieten, mit aufgesetzten Taschen und die Passform muss stimmen. Es ist klar, dass sich die Form nach einigen Wäschen verändert.

Diese Jeans erhalten Sie für 8,00 €.

Ihr Kaufmotiv ist hier die Wirtschaftlichkeit

Kaufmotiv zwei

In dieser Variante ist die Bereitschaft vorhanden, mehr Geld zu investieren. Es werden die gleichen Ansprüche an die Jeans gestellt wie im vorher genannten Beispiel. Hier kommt noch ein Qualitätsgedanke hinzu.

Diese Jeans erhalten Sie für 30,00 €.

Kaufmotive sind eindeutig die Wirtschaftlichkeit und ein Qualitätsgedanke. Die Jeans soll nicht nach den ersten Wäschen seine Passform verlieren, weil diese länger getragen werden soll. Dafür wird auch mehr Geld ausgegeben.

Kaufmotiv drei

Hier spielt Geld keine Rolle. Es muss nur ein hochaktuelles Markenprodukt sein. Qualität wird bei dem teilweise sehr hohen Preis vorausgesetzt.

Eindeutiges Kaufmotiv ist hier nur der Imagegedanke. Die Bereitschaft sehr viel Geld auszugeben, ist vorhanden.

Genauso unterschiedlich wie die Gründe für den einzelnen Menschen eine Jeans zu kaufen sind, genauso unterschiedlich ist auch das Verkaufsverhalten Ihrer Lieferanten. Jeder Lieferant hat seine individuellen Bedürfnisse oder Motive. Bevor Sie in Ihren Einkaufsgesprächen überzeugend für Ihre Erwartungshaltung und den daraus resultierenden Forderungen argumentieren können, müssen Sie zunächst die individuellen Ziele, Wünsche und Erwartungen Ihres Gesprächspartners herausfinden. Wenn Sie sich nicht dieser Aufgabe stellen, wird Ihr Einkaufsgespräch zum Lotteriespiel. Auf Verdacht, den einen oder anderen Unternehmensvorteil zu nennen und darauf zu hoffen, dass der ein oder andere Vorteil schon passt, wird Sie nicht weiterbringen. Erschwerend kommt hinzu, dass Sie es in vielen Fällen heute nicht nur mit einem Gesprächspartner zu tun haben.

Das bedeutet auch gleichzeitig, dass jeder dieser Gesprächspartner auch unterschiedliche Ziele, Wünsche und Erwartungen hat.

Damit Sie als Einkäufer Ihrem Lieferanten die Basis für seine Verkäufe, seine Lösung anbieten können, müssen Sie seine Wünsche, Ziele, Erwartungen, Vorstellungen, Interessen, auch auf der emotionalen Seite, kennen. Ohne wasserdichte Analyse verpassen Sie die Chance den Nutzen aufzuzeigen, den der Lieferant benötigt, um auf Sie einzugehen.

Sein persönlicher Nutzen kann nur aus seinen Bedürfnissen heraus abgeleitet werden. Tun Sie es nicht, können Sie mit absoluter Sicherheit damit rechnen, dass Sie immer wieder mit irgendwelchen Einwänden und Widerständen konfrontiert werden. Wenn Sie das „Allgemeine Personenprofil" und „Spezifische Personenprofil" in dem enthaltenden Verhandlungsplaner durchgearbeitet haben, finden Sie auch die Antworten auf die Bedürfnisse des Verkäufers.

27.1 Motive, die eine Handlung auslösen

„Haben Sie jemals etwas gekauft, ohne zu wissen, was Sie damit anfangen sollen?"

Wahrscheinlich nicht. Seitdem es den Ein- und Verkauf gibt, werden Lösungen ein- und verkauft.

Hinter jeder Lösung steht ein Bedürfnis, ein Wunsch, ein Motiv. Wichtige Motive für Sie als Kunde sind z.B. die Wirtschaftlichkeit, die Qualität oder die Sicherheit. Zuverlässigkeit und technische Neuerungen können eine ebenso große Rolle spielen, wie z.B. soziale Bedürfnisse, die sich im Umweltbewusstsein wie Green IT; Ökostrom, etc. darstellen lassen oder auch ein vom Image / Prestige getriebenes Motiv. Nicht zu unterschätzen ist das Motiv der Bequemlichkeit.

Grundsätzlich haben wir es mit sechs großen Motivgruppen zu tun.

Die erste Gruppe ist sicher die der „Wirtschaftlichkeit".

> ➢ Dazu gehören: Umsatz, Profit, Kostenersparnis und Produktivität.

Die zweite Gruppe wird mit „Sicherheit" definiert.

> ➢ Dazu gehören beispielsweise: Langlebigkeit, Garantie, Zuverlässigkeit, Risikominimierung, Schutz, Qualität und Referenzen.

In der dritten Gruppe, und das ist eine der am stärksten wachsenden Motivgruppe, haben wir es mit „Umwelt / Gesundheit" zu tun.

> ➢ Dazu gehören beispielsweise: Grüne Produkte, wie Green IT, Ökostrom, alternative Energie.

Eine weitere wichtige Gruppe bildet der „Prestige" Faktor.

➢ Dazu gehören beispielsweise: Wertschätzung, Status, Anerkennung, Einfluss und Macht, Luxus, technische Neuerungen.

Die sechste Motivgruppe ist mit „Freude und Wohlbefinden" definiert.

➢ Dazu gehören beispielsweise: Entspannung, Spannung, Zerstreuung, Selbstverwirklichung, also alles, was Spaß macht.

27.2 Seitenwechsel: Überlegungen zur Bedarfsanalyse durch Verkäufer

Für den Verkäufer gibt es nur eine Quelle, die genau weiß, was sein Kunde möchte. Das ist der Kunde selbst. In der Regel sind es die Mitarbeiter aus den entsprechenden Unternehmensbereichen oder Sie als Einkäufer. Vielleicht wissen Sie noch nicht genau, welches Produkt Sie kaufen wollen. Sie wissen allerdings mit Sicherheit, was Sie von diesem Produkt erwarten. Für den Verkäufer besteht die Herausforderung darin, mit den richtigen Fragen die Wünsche, die Träume, die Vorstellungen, die Bedürfnisse und speziell das dominante Kaufmotiv herauszufinden und den darauf aufbauenden Nutzen aufzubauen.

Allgemein gültige Regeln für die Beschreibung der Qualität eines Produktes gibt es nicht. Der Nutzen eines Regenschirmes besteht darin, den Regen abzuhalten. Das ist für Viele ein Grund, sich einen Regenschirm zu kaufen. Für andere Käufer ist neben dem Schutz vor Regen auch das Design wichtig, für andere muss er besonders leicht sein, und wiederum andere Käufer legen auf eine spezielle Form des Griffs wert. Selbst bei einem so simplen Produkt, wie dem Regenschirm, gibt es besonders viele Merkmale, auf die ein Kunde Wert legen kann.

Ohne diese Informationen ist es nicht möglich, einem Kunden *„sein optimales Produkt"* zu verkaufen. Gute Verkäufer stellen sich nun ein Fragebündel zusammen, um genau an die für sie wichtigen Informationen zu kommen. Die Bedarfsanalyse beinhaltet die gezielte Frage nach dem Kundenbedarf. Letztlich ist dies meist nicht mit einer Frage zu bewerkstelligen. Für den guten Verkäufer ergibt sich hier häufig ein ganzes Fragenbündel, über das eine Annäherung an das für den Kunden optimale Produkt erfolgt. In der Bedarfsanalyse können auch vom Verkäufer gezielt Kundenwünsche geweckt werden, denn der Großteil des Verkaufserfolges hängt von einer guten Bedarfsanalyse ab. Aus den nachfolgenden Überlegungen leiten sich letztendlich die Fragen ab, die der Verkäufer für ein konkretes Angebot benötigt:

- ➢ Für welchen Verwendungszweck benötigt der Kunde das Produkt oder die Dienstleistung?
- ➢ Was stört ihn am jetzigen Zustand?
- ➢ Was erwartet er von der neuen Lösung?
- ➢ Welche Absichten verfolgt er mit dem Kauf?
- ➢ Welche Kaufmotive könnten möglich sein?
- ➢ Welche Eigenschaften sind ihm wichtig, welche weniger wichtig?
- ➢ Welchen Informationsstand hat er über uns?
- ➢ In welcher Phase befindet er sich?
- ➢ Ist er allein entscheidungsbefugt oder müssen Andere mit an den Verhandlungstisch?

Beispiele für offene Fragen aus den Überlegungen zur Bedarfsanalyse könnten so lauten:

- ➢ *„Worauf legen Sie bei diesem Produkt besonderen Wert?"*
- ➢ *„Welche Vorteile erwarten Sie von dem neuen Produkt?"*
- ➢ *„Worauf würden Sie bei einem neuen Produkt auf keinen Fall ver-zichten?"*
- ➢ *„Welche Produkte werden z.Zt. bei Ihnen eingesetzt?"*
- ➢ *„Welche Verbesserungen erwarten Sie von den neuen Produk-ten?"*

Auch diese nachfolgenden Fragen nehmen für die Bedarfsanalyse eine besondere Stellung ein. Diese kennen Sie schon aus der Chancenanalyse der Verkäufer.

- ➢ Die Fragen nach den wichtigsten Kunden und Mitbewerber des Kunden?
- ➢ Die Fragen nach den wichtigsten Motiven und Business Drivers des Kunden?
- ➢ Die Frage nach bevorzugten Mitbewerbern, die möglicherweise 'politisch gesetzt' sind?
- ➢ Die Fragen zur Bewertung eigener Angebote gegenüber den Wettbewerbern?

Den nächsten Verkäufer, mit dem Sie reden, können Sie überraschen, wenn Sie sich auf diese Überlegungen und Fragestellungen der Verkäufer vorbereiten.

28. Profilingtool – Eigene Verhandlungsziele, Alternativen & Optionen

Nur 22 % aller am Verhandlungsprozess beteiligten Personen widmen sich in der Zeit der Vorbereitung auf eine Verhandlung den eigentlichen Verhandlungszielen. Die Festlegung von Verhandlungszielen ist für Sie in jedem Fall ein Gewinn. Die intensive Bereitschaft sich mit den eigenen Zielen auseinanderzusetzen, versetzt Sie zudem in die Lage, eigene Wünsche auf die Machbarkeit hin zu überprüfen. Ein weiterer wichtiger Punkt ergibt sich in den Argumentationsketten, die Sie nun für sich zielfokussiert aufbauen können. Zudem können Sie sich auf mögliche Reaktionen des Verhandlungspartners einstellen.

Erstellen Sie sich eine Themenliste. Worüber wollen Sie verhandeln, worüber wollen Sie nicht verhandeln. Welche Verhandlungsziele wollen Sie erreichen. In einer Verhandlung können durchaus mehrere Ziele verfolgt werden. Definieren Sie zunächst Ihr Hauptziel, der nächste Schritt ist ein Teilziel, ein Etappenziel und ein Mindestziel. Auch Kompromisse und Alternativen gehören in Ihre eigene Zielfestlegung, die Sie nun nach Prioritäten ordnen. In Preisverhandlungen sollten Sie alle Konditionen kennen und mögliche Alternativen vorher durchgerechnet haben. Zudem sollten alle Informationen über die rechtlichen Aspekte vorhanden sein.

Stellen Sie Ihre Ziele, den möglichen Zielen des Verhandlungspartners gegenüber und beantworten sich folgende Fragen:

➤ *„Welches Ergebnis erhofft sich mein Verhandlungspartner von dieser Verhandlung?"*

➤ *„Kann mein Verhandlungspartner meinen Hauptzielen zustimmen?"*

➤ *„Wo haben wir Übereinstimmungen?"*

➤ *„Welche Zugeständnisse wird er von mir verlangen?"*

➤ *„Wo kann und wird er mir entgegenkommen?"*

28.1 Mit einer SMART(en) Formel Ziele setzen

Ziele sind der Maßstab, an dem jede Aktivität zu messen ist. Fragen Sie sich nicht, was und wie Sie verhandelt haben, sondern was von Ihnen erreicht wurde!

Ohne Ziele nutzt auch die beste Zeitplanung nichts, denn das Ergebnis jeder Handlung bleibt unklar, wenn Sie es nicht vorher definiert haben. Ziele sind Zukunftsvorstellungen, zu deren Realisierung Sie etwas tun sollten und müssen. Sonst bleibt es nur bei unverbindlichen Wünschen! Wer sich bewusst Ziele setzt und diese verfolgt, richtet auch seine unbewussten Kräfte auf sein Handeln aus und verstärkt seine eigene persönliche Motivation zur Zielerreichung. Ziele dienen der Konzentration der Kräfte auf den eigentlichen Schwerpunkt. Dabei kommt es nicht darauf an, was Sie tun, sondern wozu Sie etwas tun. Ordnen Sie Ihre Zeit um Ihre Ziele herum, denn es gibt stets mehr Aufgaben als Zeit, um sie zu erledigen. Sie helfen Ihnen, Wichtiges von Unwichtigem zu unterscheiden. Sie disziplinieren Ihre Wünsche, indem Sie das, was Sie wollen, erst einmal präzise formulieren. Die meisten Ziele lassen mehrere Wege für die Erreichung offen. Entwickeln Sie dafür eine Liste mit strategischen Optionen und wägen Sie diese für Ihre Zielerreichung ab. Parameter für Optionen können der Grad der Schwierigkeit, die Wahrscheinlichkeit des Erfolges, die Nutzenhöhe, dafür notwendige Investitionen oder auch Risikofaktoren sein.

Die SMART(e) Formel zur Zielformulierung

"S" steht für spezifisch.

Diese Frage sollten Sie klar und eindeutig beantworten:

„Was habe ich vor?"

Ein Ziel sollte möglichst so formuliert sein, dass nur wir selbst für sein Erreichen verantwortlich sind. Klären Sie dabei folgende Fragen: *„Was liegt in meinem Einflussbereich? Wo kann ich selbst anfangen?"* Formulieren Sie es klar und unmissverständlich.

"M" steht für messbar, mit Bandbreite, mit Etappenschritten.

Diese Frage sollten Sie klar und eindeutig beantworten:

„Was will ich wie erreichen / verbessern?"

Die wichtigsten Schritte sind dabei das Hauptziel, die Teilziele, mögliche Etappenziele und ein Mindestziel. Definieren Sie das Optimale und planen Sie eine Bandbreite für Unvorhergesehenes ein. Etappenschritte sind wichtig für die Erfolgskontrolle und für den regelmäßigen Erfolg! Erstellen Sie sich Parameter: woran erkennen Sie, dass Sie Ihr Ziel erreicht haben? Woran werden es Andere erkennen? Wie halten Sie fest, was Sie erreicht haben?

"A" steht für angepasst und aktionsauslösend.

Diese Fragen sollten Sie klar und eindeutig beantworten:

„Wie ist das Umfeld?" „Welche Schritte müssen eingeleitet werden?"

Ebenso steht das "A" für attraktiv! Das formulierte Ziel sollte so attraktiv sein, dass es sich für Sie lohnt, etwas dafür zu tun.

"R" bedeutet: realistische Ziele definieren.

Diese Frage sollten Sie klar und eindeutig beantworten:

„Wie ist die aktuelle Situation?"

Unsere Ziele als nächste Aktionsschritte sollen uns fordern, aber sie müssen erreichbar sein. Sonst sind wir schon frustriert, bevor wir beginnen. "R" bedeutet auch: Ziele richtig formulieren, also gehirnkonform. Beispiel: *„Ich trete in Einkaufsverhandlungen sicher und überzeugend auf."* nicht *„Ich möchte in der Einkaufsverhandlung meine Unsicherheit und Schüchternheit überwinden."* In diesem Zusammenhang sollten wir das Wort „nicht" aus unseren Formulierungen streichen.

Das Wort „Nicht" existiert im menschlichen Vorstellungsvermögen nicht. Unser Gehirn denkt in Bildern. Die Worte *„Bitte nicht öffnen!"* erzeugen sofort die bildhafte Vorstellung *„Das muss ich jetzt öffnen!"* Jetzt wissen wir auch, aus welchem Grund bei unseren Kindern Verbote wie: *„Tu dies nicht…", „Tu jenes nicht..."* selten funktionieren! Formulieren Sie deshalb stets, was Sie wollen und nie, was Sie nicht wollen!

"T": Ziele sind Wünsche mit Termin.

Diese Frage sollten Sie klar und eindeutig beantworten:

„Bis wann will ich das Ziel erreichen?"

„Ich werde bald anfangen, meine Zielplanung zu definieren", wird nicht helfen. Legen Sie einen konkreten Termin fest und beginnen mit der Durchführung! "T" steht auch für treu uns selbst gegenüber. Stellen Sie sich bei Ihren Zielen einmal diese Fragen: *„Will ich dies wirklich? Ist das überhaupt mein Ziel? Oder tue ich dies vor allem, weil andere es von mir erwarten oder weil ich andere damit beeindrucken will?"*

Ein Beispiel:

„Ich will in zwei Jahren Einkaufsleiter sein. Mir ist klar, und das nehme ich in Kauf, dass ich montags bis freitags nicht vor 19:30 Uhr nach Hause komme. Samstags werde ich regelmäßig drei Stunden von zu Hause aus arbeiten. In dieser Zeit werde ich meine Freizeitgestaltung einschränken und nur einmal in der Woche Golf spielen. Zudem werde ich dafür mit Nachdruck sorgen, dass ich in zwei Monaten eine Assistentin habe, die mir einen großen Teil von meinem Alltagsgeschäft abnimmt, so dass ich mich voll auf mein Ziel konzentrieren kann."

Spezifisches Ziel	Abteilungsleiter
Messbares Ziel	Die Beförderung
Angepasst & Aktionsauslösend	längere Arbeitszeit
Realistisch	Entlastung durch Assistentin und eingeschränkte Freizeitgestaltung
Terminiert:	In zwei Jahren

Auf den Punkt gebracht bedeutet es für Sie:

Attraktive Ziele sind glasklar formuliert. Sie wissen ganz genau und können ganz genau sagen, was Sie bis wann erreichen wollen. Ihr Ziel stellt hohe Anforderungen an Sie, aber es ist auch erreichbar. Sie glauben daran, dass Sie es schaffen werden. Es ist mit der Umwelt bzw. dem Umfeld, in der Sie es verwirklichen wollen, verträglich. Ihre Ziele sind der Maßstab, an dem jede Ihrer Aktivität zu messen ist.

➢ Fragen Sie sich nicht, was Sie gearbeitet haben, sondern was Sie erreicht haben!

➢ Ohne Ziele nutzt auch die beste Zeitplanung nichts, denn der Endzustand jeder Handlung bleibt unklar, wenn Sie ihn nicht vorher definiert haben.

➢ Ziele sind Zukunftsvorstellungen, zu deren Realisierung Sie etwas tun wollen und auch tun. Sonst bleibt es nur bei unverbindlichen Wünschen!

➢ Wer bewusst Ziele hat und verfolgt, richtet auch seine unbewussten Kräfte auf sein Handeln aus und verstärkt die persönliche Motivation zur Zielerreichung.

- Ziele dienen der Konzentration der Kräfte auf den eigentlichen Schwerpunkt. Dabei kommt es nicht darauf an, was Sie tun, sondern wozu Sie etwas tun.

- Sie disziplinieren Ihre Wünsche, indem Sie das, was Sie wollen, erst einmal präzise formulieren.

Nehmen Sie sich einige Minuten Zeit – Schauen Sie sich Ihre Ziele an – Schauen Sie sich Ihre Leistung an – Überprüfen Sie, ob Ihr Verhalten Ihren Zielen entspricht.

Diese Checkliste kann Ihnen dabei helfen.

Checkliste 10: Formulieren Sie Ihre Ziele

1. Zieldefinition
2. Messgrößen Teilziele
3. Notwendige Aktionen und Maßnahmen
4. Termin/e
5. Zielkontrolle

Sobald Sie Ihre Ziele bestimmt haben, sollten Sie noch einen weiteren Punkt klären. Wie und wann wollen Sie Ihre Ziele umsetzen? Dazu sollten Sie sich für jedes Ziel folgende Fragen stellen.

- Welchen Schritt muss ich zuerst machen?

- Wann soll der Schritt gemacht werden?

- Was brauche ich dafür, um diesen Schritt zu gehen?

- Wer kann mir helfen, wenn ich nicht weiterkomme?

Wenn Sie ein Ziel nicht erreicht haben, sollten Sie sich immer fragen, woran es gelegen hat. Vielleicht war Ihr Ziel zu hoch gesteckt. Vielleicht waren Sie auch damit überfordert. Unterziehen Sie sich einer kritischen Selbstanalyse.

28.2 Profilingtool – Bestimmen Sie Ihre Ziele

Abbildung 20:   Ziele

Erfolgreiche Verhandlungen beginnen mit einer absoluten Zielklarheit. Unterscheiden Sie aus diesem Grund jede Ergebniskomponente und deren Wichtigkeit für Sie.

Legen Sie vor Verhandlungsbeginn Ihr Ziel präzise fest. Definieren Sie Ihr Maximalziel genauso, was Sie mindestens in der Verhandlung erreichen wollen.

Checkliste 11:   Bestimmen Sie Ihre Verhandlungsziele

Was will ich mit dieser Verhandlung erreichen?
Was wäre für mich das bestmögliche, perfekte Ergebnis?
Welchen Wert hat die Verhandlung für mich in Euro (auch Folgekosten und mögliche Einsparung bedenken)?
Was wäre für mich das zweitbeste Ergebnis?
Welche Ergebnisse sind nicht akzeptabel?
Welche Ergebniskomponente MUSS ich erreichen?
Welche Ergebniskomponente WILL ich erreichen?
Welche Komponenten sind für mich am wichtigsten?
Auf welche Teilaspekte kann ich verzichten?

Welche Inhalte / Konditionen sind mir am wichtigsten?
Welche sind weniger wichtig?
Was ist mein Hauptziel, Teilziel, Etappenziel, Mindestziel?
Zu welchen Kompromissen bin ich bereit?
Wo will ich Zugeständnisse machen?
Welche Zugeständnisse will ich machen?
Was ist meine Untergrenze?
Auf welche Alternativen kann und will ich ausweichen?

28.3 Profilingtool – Alternativen & Optionen

Es ist zwingend notwendig, sich über die eigenen Alternativen klar zu werden, damit Sie abschätzen können, wann eine Verhandlung nicht mehr lohnt, weil die Alternative besser ist.

Checkliste 12:   Bestimmen Sie Ihre Alternativen & Optionen

Welche Alternativen habe ich, wenn mein Wunschergebnis nicht zustande kommt?
Wie kann ich diese Alternativen verbessern?
Welche besseren Arrangements mit anderen Verhandlungspartnern sind möglich?
Was muss an der besten Alternative anders sein, damit Sie besser oder gleich gut wie mein ursprünglich angestrebtes Verhandlungsergebnis ist?
Wie kann ich die Hemmnisse auf diesem Weg dahin beseitigen?

Welchen Wert hat die Alternative für mich in Euro (auch Folgekosten und mögliche Einsparung bedenken)?
Welche Konditionen und Vertragsinhalte können diese Zahl verändern, und wie groß ist dann die akzeptable Summe?
Welche möglichen Vertragskonditionen möchte ich nicht akzeptieren?
Auf welche Teilaspekte kann ich verzichten?
Welche Chance gibt es durch einen Verhandlungsabbruch, in eine bessere Ausgangslage zu kommen?

29. Profilingtool – Ziele, Alternativen & Optionen der Verhandlungspartner

Sammeln Sie nach Möglichkeit alle Informationen, die Sie über Ihren Verhandlungspartner erhalten können. Sollte in Ihrem Unternehmen ein Lieferantendossier vorhanden sein, ziehen Sie Ihre Informationen daraus. Die finanzielle Situation, seine Kapazitäten und Auslastungen dieser Kapazitäten können wertvolle Informationen mit sich bringen, wenn Sie feststellen, dass Ihr Partner regelmäßig zu bestimmten Zeiten des Jahres besondere Angebote unterbreitet. Vielleicht ist seine Produktion nicht ausgelastet. Machen Sie es zu Ihrem Vorteil. Häufig steht auch dann ein besonderer Verkaufsdruck dahinter. Versuchen Sie auch Informationen über persönliche Interessen Ihres Gesprächspartners zu kommen. Wenn Sie etwas über seine Hobbys, seine speziellen Interessen oder andere Vorlieben erfahren, versetzen diese Informationen Sie in die Lage positive Gesprächseinstiege und Gesprächsatmosphären zu schaffen. Nutzen Sie dafür die gleiche Informationsquelle, die auch Ihr Verhandlungspartner ausschöpft, um an Informationen über Sie zu bekommen. Ihnen dürfte es leicht fallen, von einem Arbeitskollegen, der ihren Verhandlungspartner bereits kennt, Informationen zu bekommen. So wie Sie, wird mit Sicherheit auch Ihr Verhandlungspartner Haupt-, Teil-, Etappen- und Mindestziele festgelegt haben. Jetzt wechseln Sie die Position und versetzen sich in die Lage Ihres Gesprächspartners.

Abbildung 21:   Ziele des Verhandlungspartners

Stellen Sie Ihre Ziele den möglichen Zielen des Verhandlungspartners gegenüber und beantworten sich folgende Fragen:

> *„Welches Ergebnis erhofft sich mein Verhandlungspartner von dieser Verhandlung?"*

> *„Kann mein Verhandlungspartner meinen Hauptzielen zustimmen?"*

> *„Wo haben wir Übereinstimmungen?"*

> *„Welche Zugeständnisse wird er von mir verlangen?"*

> *„Wo kann und wird er mir entgegenkommen?"*

29.1 Bestimmen Sie die Ziele der Verhandlungspartner

Mit Sicherheit wird auch Ihr Verhandlungspartner Haupt-, Teil-, Etappen- und Mindestziele festgelegt haben. Jetzt wechseln Sie die Position und versetzen sich in die Lage Ihres Gesprächspartners.

Checkliste 13:   Ziele der Verhandlungspartner

Welches Ergebnis erhofft sich mein Verhandlungspartner von dieser Verhandlung?
Worin besteht sein konkreter Nutzen?
Welchen Wert hat diese Verhandlung für ihn materiell?
Wie wichtig sind Verhandlung und Ergebnisse für die Gegenseite?
Welche Bestandteile hätte deren bestmögliches Ergebnis?

Was könnte das zweitbeste Ergebnis für den Partner sein?
Welches Ergebnis wäre für ihn nicht akzeptabel?
Weshalb sind diese für ihn nicht akzeptabel?
Welche Ergebniskomponenten MUSS er erreichen?
Welche Ergebniskomponenten WILL er erreichen?
Auf welche Teilaspekte kann er verzichten?
Weshalb sind diese für ihn nicht akzeptabel?
Welche Konditionen und Inhalte sind Ihm am wichtigsten?
Welche sind Ihm weniger wichtig?

29.2 Bestimmen Sie die Alternativen & Optionen der Verhandlungspartner

Auch Ihr Verhandlungspartner wird in der Regel über Alternativen verfügen. Stellen Sie sich die Frage, um welche es sich dabei handeln könnte.

Checkliste 14: Alternativen & Optionen der Verhandlungspartner

Welche Alternativen hat die Gegenseite zu den Gesprächen mit mir?
Welche drei besten Alternativen hat mein Verhandlungspartner, wenn sein Wunschergebnis nicht zustande kommt?
Wie kann er diese Alternativen verbessern? Gibt es mögliche bessere Arrangements mit anderen Verhandlungspartnern?
Könnte er Verhandlungsinhalte neu kombinieren oder hinzufügen, welche wären es?

Was müsste an der besten Alternative anders sein, damit sie besser oder gleich gut ist wie sein ursprünglich angestrebtes Verhandlungsergebnis?
Wie könnte er die Hemmnisse auf dem Weg dorthin beseitigen?
Welche Wunschkondition könnte die beste Alternative noch positiv beeinflussen?

30. Profilingtool – Analyse und Nachbereitung der Verhandlung

Ist eine Verhandlung beendet – ganz gleich mit welchem Ergebnis –, ist es sinnvoll, eine Art Manöverkritik vorzunehmen. Damit erkennen Sie Fehler, die Sie das nächste Mal vermeiden können und identifizieren Strategien, die sich als besonders erfolgreich herausgestellt haben. Gehen Sie nach dem Ende Ihre Verhandlungsgespräche systematisch durch und stellen sich die Frage „Habe ich meine Ziele erreicht?".

Abbildung 22:   Verhandlung nachbereiten

Die Ausarbeitung sollten Sie möglichst direkt angehen. Denn jetzt sind das Gesagte und das Vereinbarte noch frisch im Gedächtnis. Gehen Sie die Aufzeichnungen genau durch und überprüfen Sie diese auf Vollständigkeit. Der Versand an die Teilnehmer sollte umgehend erfolgen. Denken Sie auch daran das Protokoll an Nicht-Teilnehmer aus Ihrem Hause, für die es interessant ist oder in irgendeiner Art und Weise involviert oder betroffen sind, zu senden. Als weiteren wichtigen Punkt in der Nachbereitung empfiehlt sich eine Manöverkritik. Setzen Sie sich noch einmal mit den Teilnehmern aus Ihrem Haus zusammen und stellen sich beispielsweise folgende Fragen:

„Was ist gut gelaufen?"; „Was war nicht so gut?"; „Was hat die Verhandlung erschwert?"; „Was muss verbessert werden?"; „War unsere Strategie / Taktik richtig?". Hierbei ergeben sich wertvolle Anregungen und Verbesserungsvorschläge für die nächste Besprechung.

Denken Sie dann an den Gesprächseinstieg zurück:

Mit welchen Fragen wollten Sie diese Phase aufrollen? Wie gut war Ihre Analyse? Welchen Weg haben Sie gewählt, um Ihrem Gesprächspartner Ihr Angebot nahe zu bringen?

Entwickeln Sie anhand der nachstehenden Fragen eine für Sie individuelle Checkliste, mit der Sie Ihre Verhandlungsgespräche erforschen können. Jede persönliche Checkliste wird etwas andere Schwerpunkte setzen.

Eine gute Basis für individuelle Erweiterungen könnte aber folgende Auflistung von Fragen darstellen, und nehmen Sie die nachfolgenden Checklisten zum Anlass, regelmäßig an Ihren Verhandlungen zu feilen und Erfolgsstrategien zu identifizieren.

Worksheet 11: Analysieren Sie Ihre Verhandlung

Habe ich mich ausreichend auf die Verhandlung, meinen Gesprächs-partner und sein Anliegen vorbereitet?
Habe ich mir im Vorfeld die richtige Strategie für die Verhandlungen überlegt?
Habe ich meine Ziele erreicht?
Wenn nein, waren meine Ziele realistisch?
Kann ich den Grund für das Scheitern festmachen?
Kann ich aus dem Scheitern etwas lernen, und was wäre das?
Sind mir die Kriterien meines Verhandlungspartners für zurückliegende Entscheidungen klar geworden?
Hat mein Verhandlungspartner verstanden, welchen Nutzen meine Leistung / Produkt für ihn hat?

Habe ich verschiedene Techniken angewandt, um meinem Verhandlungspartner mein Angebot zu unterbreiten?
Habe ich den Preis / die Forderung schlüssig und problemlos vermitteln können?
Wenn ja, welche Methode habe ich dabei angewandt?
Was war gut, was war weniger gut?
Wie gut konnten die Ziele umgesetzt werden?
War die gewählte Strategie die richtige?
Konnte das Verhandlungskonzept eingehalten werden?
Welche Taktiken haben sich bewährt, welche sollten besser weggelassen werden?
Welche unvorhergesehenen Situationen sind eingetreten?
Wie wurden diese Situationen bewältigt?
War die Zeitplanung richtig?
Was konnten wir noch über den Verhandlungspartner erfahren?
Ist der Verhandlungspartner ein Profi oder eher ein Amateur?
Was ist beim Verhandlungspartner positiv bzw. negativ aufgefallen?
Wer soll / muss über das Ergebnis informiert werden?
Welche Aufgaben sind von uns nun umzusetzen?
Welche Fehler wurden gemacht, und wie sind diese zukünftig zu vermeiden?
Wie bewerten wir diese Verhandlung insgesamt?

30.1 Das Protokoll für Ihre Ergebnisse

Generell können wir Protokolle als wichtigstes Informations- und Arbeitsinstrument in Unternehmen betrachten. Protokolle dokumentieren Inhalt, Verlauf und Ergebnisse von allen Arten von Gesprächssituationen wie Diskussionen, Sitzungen, Konferenzen, Tagungen, Besprechungen und vor allem von Verhandlungen. Protokolle dienen in erster Linie als Dokumentation des Besprochenen und gleichzeitig als Gedächtnisstütze und ToDo-Liste für die Teilnehmer. Die hier niedergeschriebenen Informationen helfen getroffene Entscheidungen, verteilte Aufgaben oder auch die Ausführung von besprochenen Tätigkeiten organisiert umzusetzen. Auch für die Historie und für nicht anwesende Mitarbeiter wie Vorgesetzte, andere Fachbereichsmitarbeiter o.a. sind Protokolle wichtige, verbindliche und zuverlässige Informationsquellen, auf die immer wieder zugegriffen werden kann. Für Verhandlungen bietet sich eine Kombination aus einem Verlaufs- und Ergebnisprotokoll. In Verhandlungen haben wir häufig mit entgegen gesetzten Meinungen und Standpunkten der Teilnehmer zu tun. Im Verlaufsprotokoll wird der chronologische Ablauf der Verhandlung aufgezeigt. Inhalte, Reden und Diskussionen der Teilnehmer werden sinngemäß wiedergegeben. Beim Ergebnisprotokoll liegt die besondere Bedeutung auf der Dokumentation der verhandelten Ergebnisse. Parallel zum chronologischen Ablauf werden hier die zustande gekommenen Ergebnisse zusammengefasst. Sollte die Verhandlung ergebnislos ausgegangen sein, wird auch das festgehalten. In diesem Fall sollten Sie die unterschiedlichen Standpunkte aufzeigen, die zum Scheitern geführt haben. Auch hier ist eine gute Vorbereitung unerlässlich. Egal für welche Protokollform Sie sich entscheiden. Klären Sie folgende Fragen: Sind alle Probleme angesprochen / gelöst worden?; Wen müssen wir für bestimmte Umsetzungen noch einbeziehen?; Was müssen wir unseren Lieferanten liefern, damit er das Ergebnis „intern" besser verkaufen kann?; Sind alle rechtlichen / finanziellen u.a. Komponenten des Ergebnisses berücksichtigt worden?

Zuletzt haben Sie nur noch eins zu tun. Erstellen Sie einen Maßnahmenkatalog und bewachen Sie die Umsetzung der vereinbarten Maßnahmen. Kontrollieren und überprüfen Sie auch die Personen, die für die Umsetzung eingeteilt wurden, damit auch das geschieht, was im Protokoll vereinbart wurde.

MERKE:

| WAS hat WER bis WANN zu tun!

31. Wenn nichts mehr geht, hilft ein Verhandlungsabbruch

Nach der Definition Ihrer Ziele, sowie die Ziele Ihres Verhandlungspartners ergibt sich automatisch eine gemeinsame Schnittmenge. Loten
Sie diese genau aus.

Grafisch aufbereitet könnte die Zieldefinition so aussehen!

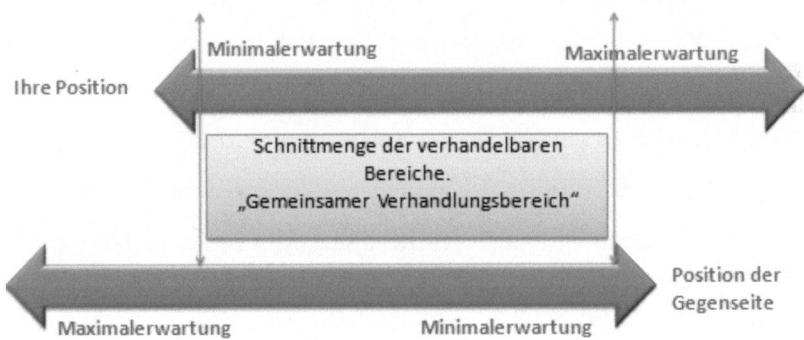

Abbildung 23:   Zieldefinition

Die meisten Menschen erhoffen sich von einer Verhandlung die
höchstmögliche Umsetzung ihrer Interessen und zeigen sich auch
dadurch häufig kompromissbereit. Dabei ist der eine oder andere
Kompromiss sicher „fauler" als ein anderer. Es ist auch nicht unbedingt
das Ziel einer Verhandlung, einen Kompromiss zu erzielen. Eine
Verhandlung, die ohne Ergebnis endet, ist verlorene Zeit und kostet
Geld. Der Versuch eine für beide Seiten akzeptable Lösung zu
erreichen, ist gescheitert.

Manchmal ist das allerdings das bessere Ergebnis, wenn beide Partner
übereinkommen, sich zu trennen.

> ➢ Überprüfen Sie, ob Sie auf der persönlichen, wie auf der Unter-
> nehmensebene zusammenpassen. Sollten Sie persönlich nicht zu-
> einander passen, wechseln Sie die Person.

> ➢ Überprüfen Sie, was auf beiden Seiten verhandelbar ist und wie
> groß die Schnittmenge ist. Ist keine Schnittmenge vorhanden oder
> zu klein, die Abweichungen zu groß, bleibt ein Kompromiss, alter-
> nativ ein Verhandlungsabbruch.

> ➢ Wenn keine Schnittmengen vorhanden sind, ist eine „Lose-Lose-
> Situation" und somit ein Verhandlungsabbruch unvermeidlich.

32. Wichtige Tipps für Ihren Erfolg – Zusammengefasst und auf den Punkt gebracht

32.1 31 Tipps für die optimale Verhandlung mit Lieferanten

Bereiten Sie sich gründlich vor, damit Sie den Sachverhalt völlig beherrschen und Sie in jedem Punkt bessere Informationen besitzen als Ihr Verhandlungspartner.

➢ Prägen Sie sich Ihre Argumente und Fragen ein, besser noch, bereiten Sie sich schriftlich vor.

➢ Achten Sie auf einen günstigen Verhandlungsort.

➢ Sorgen Sie stets für eine freundliche, aufgelockerte Atmosphäre.

➢ Stimmen Sie sich auf den Verhandlungspartner ein. Denken Sie auch an seine Aufgabe, nicht nur an Ihre eigene Aufgabe. Setzen Sie sich auf seinen Stuhl.

➢ Begrenzen Sie den Verhandlungsstoff.

➢ Sorgen Sie für einen guten Start. Betonen Sie gleiche Auffassungen und gehen Sie von dem aus, was schnell einigt.

➢ Hören Sie vor allem gut hin, statt Ihren Verhandlungspartner sofort bei irgendwelchen Unstimmigkeiten zu unterbrechen. Machen Sie sich Notizen. Äußern Sie sich immer erst dann, wenn die richtige Situation da ist.

➢ Zeigen Sie, dass Sie sich erinnern, an Namen, Vorkommnisse, die den Verhandlungs-Partner erfreuen.

➢ Reden Sie jeden Verhandlungspartner mit Namen an.

➢ Geben Sie Lob und Anerkennung, aber unterscheiden Sie übertriebene Höflichkeit von Liebenswürdigkeit.

➢ Zerpflücken Sie Einwände in verschiedenen Formulierungen. Das erlaubt Ihnen Wiederholungen und Stärkung Ihrer Gegenargumente.

➢ Halten Sie die Verhandlungspositionen so lange offen, bis positive Klarheit besteht.

- Lenken Sie das Gespräch durch Fragen. Fragen regen zum Reden an. Fragen Sie möglichst so, dass Sie zustimmende Antworten erhalten. Wer fragt, der führt. Behalten Sie das Verhandlungsziel im Auge. Richten Sie Ihre Verhandlungsführung stets an Ihrem Ziel aus.

- Seien Sie glaubhaft, versprechen Sie stets nur das, was Sie auch halten können.

- Sprechen Sie von Realitäten, sonst reden Sie vielleicht aneinander vorbei.

- Sprechen Sie anschaulich, achten Sie auf Ihre Wortwahl.

- Verhandeln Sie taktisch. Überzeugen Sie und geben Sie Ihrem Verhandlungspartner das Gefühl, dass er aus eigenem Überlegen seine Entscheidungen treffen kann.

- Seien Sie bei Provokationen besonnen. In der Ruhe und Gelassenheit liegt die Kraft.

- Halten Sie Abstand. Bleiben Sie jedoch vertrauenswürdig.

- Achten Sie auf Gesprächshöflichkeit. Sprechen Sie stets so, wie Sie selbst angesprochen werden möchten.

- Empfangen Sie Ihren Verhandlungspartner pünktlich, denn Pünktlichkeit ist die Höflichkeit der Könige.

- Bauen Sie goldene Brücken, erleichtern Sie Ihrem Verhandlungspartner den Rückzug, lassen Sie ihn sein Gesicht wahren.

- Geben Sie von Ihren Gedanken und Absichten nur so viel preis, wie Sie für Ihre Zwecke für nützlich halten.

- Erkennen Sie frühzeitig die Möglichkeiten des schrittweisen Entgegenkommens, der Salami-Taktik.

- Seien Sie in Kleinigkeiten großzügig und zeigen Sie, dass Sie wegen Ihrer Stärke zuvorkommend sind.

- Geben Sie Irrtümer offen zu. Offenheit schafft Vertrauen.

- Sprechen Sie stets fair vom Wettbewerb Ihres Verhandlungspartners.

- Bleiben Sie immer im Gespräch mit anderen Anbietern.

> Erkennen Sie die Ursachen für Verhandlungserfolge in Ihren Stärken. Positive Eigenkritik hilft, in der nächsten Verhandlung noch erfolgreicher zu sein.

> Prüfen Sie die rechtliche Richtigkeit von Verhandlungsergebnissen und sichern Sie sich durch ein klares Verhandlungsprotokoll ab.

33. Ihr persönlicher Verhandlungsplaner

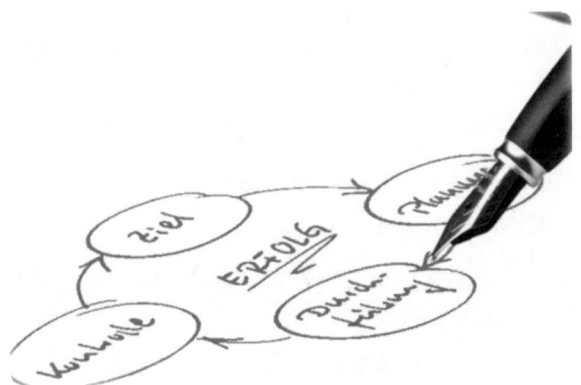

Noch einige Tipps

Notieren Sie ohne Ausnahme alle wichtigen Gedanken – lieber zu viel als zu wenig – sodass keine für Sie wichtige Idee verloren geht. Nehmen Sie sich einen Textmarker und markieren Sie die für Sie wichtigen Punkte.

Nutzen Sie den beiliegenden Planer für Ihren Erfolg!

- ➤ Nehmen Sie sich die Zeit für eine präzise Vorbereitung.
- ➤ Schreiben Sie die Antworten hier auf.
- ➤ Gehen Sie in der vorgegebenen Reihenfolge vor. Nur so wird dieser Plan zu einem guten Plan!
- ➤ Erarbeiten und planen Sie drei Alternativen für Ihre Verhandlung.
- ➤ Gehen Sie den Plan und Ihre Antworten mehrfach vor der Verhandlung durch.
- ➤ Beschreiben Sie mit wenigen präzisen Worten Ihre finale Strategie.
- ➤ Tragen Sie diesen Plan für die Verhandlung immer bei sich.
- ➤ Beachten Sie die Ober- und Untergrenze Ihrer Verhandlung.
- ➤ Wenn es nötig wird, nehmen Sie sich eine Auszeit und überprüfen Ihren Plan mit dem Angebot Ihres Verhandlungspartners.
- ➤ Bleiben Sie in der Verhandlung ruhig und lassen Sie sich nicht von den psychologischen Spielchen Ihres Verhandlungspartners beeindrucken.
- ➤ Es gibt keinen Grund für Sie, unsicher zu werden. Sie sind bestens vorbereitet.
- ➤ Folgen Sie dem Plan.

MERKE:

Alte Gewohnheiten zu ändern, erfordert viel Energie.
Das Gras wächst auch nicht schneller, wenn Sie daran ziehen!

ALLGEMEINE VORBEREITUNG

Liegen dem / den Verhandlungspartner/n die Agenda/Tagungspunkte vor?

Wie wird mein Verhandlungspartner anreisen?

Ist eine Anfahrtsbeschreibung/Lageplan zugesandt worden?

Wer nimmt den Verhandlungspartner bei uns als erster in Empfang und wie?

Liegen alle Unterlagen und Zahlen vor? Wenn nein, welche werden noch benötigt?

Gab es schon Vorverhandlungen und mit welchem Ergebnis?

Wie sieht die optimale Zusammensetzung unseres Teams aus?

Wer übernimmt welche Rolle in der Verhandlung?

Welche Verhandlungsstile können/sollen eingesetzt werden?

Wie soll unsere Strategie aussehen?

Haben wir mit allen wichtigen Personen aus dem Verhandlungsumfeld gesprochen?

Wie können wir der Gegenseite von Beginn an deutlich machen, dass wir uns auf sie eingestellt haben, sie besonders ernst nehmen?

Wie können wir der Gegenseite beweisen, dass wir die Wünsche / Anforderungen verstanden haben und diese einen Nutzen für eine gemeinsame Partnerschaft darstellt?

WEITERE NOTIZEN

BESPRECHUNGSRAUM

Ist der Raum für ___Teilnehmer reserviert worden?

Ist der Raum sauber und gelüftet?

Hat der Raum genügend Tageslicht?

Sind die Tische richtig gestellt?

Sind genügend Stühle vorhanden?

Welche Medienausstattung wird benötigt?

○ Beamer

○ Leinwand

○ Whiteboard – Stifte

○ Flipchart – Papier – Stifte

○ Overhead Projektor

Sind Medien und Material auf Funktionalität überprüft?

Sind Getränke, Kaffee / Tee und Gebäck vorhanden?
Ist für ein Imbiss gesorgt? Wer reserviert ein Restaurant bei auswärtigem Essen, etc.?
Sind ausreichend Geschirr, Besteck und Gläser vorhanden?
Ist unser Empfang über den Besuch informiert?
Sind Parkplätze für unsere Besucher reserviert?

WEITERE NOTIZEN

UNTERNEHMENSPROFIL

Welche Marktstellung hat das Unternehmen?

Wie ist der aktuelle Marktanteil- und die Position des Unternehmens?

Welchen Wert und welche Ertragslage hat das Unternehmen?

Wie lauten die Geschäftsziele der Gegenseite?

Wo liegen die diesbezüglichen Stärken und Schwächen?

Welchen externen Chancen und Gefahren ist die Gegenseite ausgesetzt?

Wächst, stagniert oder schrumpft deren Markt?

Welche Zukunftspläne gibt es?

Welche Zielgruppen werden bedient?

Welches Produkt-/Dienstleistungsportfolio bildet den Schwerpunkt?

Ist eine Marktführerschaft in bestimmten Produkten / Dienstleistungen gegeben?

Wie sieht die Innovationsbereitschaft aus?

Sind Geschäftsausweitungen / Fusionen geplant?

Gab es nachprüfbare Liquiditätsengpässe in der Vergangenheit?

Gab es schon eine Zusammenarbeit und welche Ergebnisse liegen daraus vor?

Wer in meinem Unternehmen hat schon Erfahrungen mit diesem Unternehmen gesammelt?

Welches Vertrauensverhältnis besteht zwischen diesen Personen?

Welche internen Informationen liegen dem Lieferanten über uns vor?

Wie groß war das Einkaufs- / Umsatzvolumen?

Wie war die Zusammenarbeit bisher – gut – zufriedenstellend – problematisch?

Liegen mir die bisherigen Erfahrungen mit dem Unternehmen ausgewertet vor?

Für welche Bereiche existieren gleichwertige Unternehmenspartner?

Mit welchen meiner Wettbewerber arbeitet er zusammen?

Seit wann arbeitet er mit meinen Wettbewerbern zusammen?

Wie zufrieden sind meine Wettbewerber mit seinem Portfolio?

Welche Wettbewerbsprodukte / -Dienstleistungen gibt es?

Was weiß ich über diese Produkte / Dienstleistungen?

Welche objektiven Stärken und Schwächen haben diese?

Kann ich Erfahrungswerte von Branchenpartnern einbeziehen und von wem?

Steht der Lieferant aktuell unter Abschlussdruck?
Welche Schwächen sind erkennbar?

WEITERE NOTIZEN

....

....

....

....

....

....

....

....

....

....

....

....

....

....

....

....

....

....

....

....

....

....

....

....

....

PERSONENPROFIL

Welche Beziehungen bestehen zwischen mir und dem Unternehmen des Verhandlungspartners?

Welche Position hat er innerhalb seines Unternehmens, und wie ist seine Stellung?

Welche Personen haben neben meinem Verhandlungspartner zusätzlich Einfluss auf das Verhandlungsergebnis?

Wie ist die Entscheidungsstruktur in dem Unternehmen meines Verhandlungspartners?

Wer sind seine Vorgesetzten?

Welche Einstellungen haben die Vorgesetzten?

Welche Entscheidungsbefugnis besitzt er?

Gab es in der Vergangenheit schon Berührungspunkte mit dem Verhandlungspartner, wenn ja mit wem und welche?

Wie hat sich der Verhandlungspartner dabei verhalten?

Wen außer mir kennt mein Verhandlungspartner noch in meinem Unternehmen?

Gab es schon Gespräche, Verhandlungen mit dem Verhandlungspartner?

Welche Resultate hatten diese Gespräche?

Mit wem aus meinem Unternehmen besteht ein besonderes Vertrauensverhältnis?

Welche geschäftlichen Ziele will mein Gesprächspartner erreichen?

Wie sehen seine konkreten Ziele aus?

Welche Ergebnisse strebt er in unserer Verhandlung an?

Was muss er für sein Unternehmen erreichen?

Wie führt er Entscheidungen herbei?
Welche fachlichen und sachlichen Kompetenzen hat er?
Welche Handlungsmotive leiten meinen Verhandlungspartner?
Bei welchen Themen wird mein Verhandlungspartner schwach?
Welche immer wiederkehrenden Argumente nutzt mein Verhandlungspartner?

Welche Sprache muss ich nutzen, damit ich bei ihm „andocken" kann?

Welche Schlüsselbegriffe sind für ihn wichtig?

Wie muss der Nutzen konkret aussehen, damit mein Gegenüber diesen als lohnend bewertet?

Wie muss ich konkret ansetzen, um diesen Nutzen überzeugend zu kommunizieren?

Was ist die passgenaue Story für den Verhandlungspartner?

Welche Verhaltensweisen und Gesprächsstrategien können zu Widerständen oder in die falsche Richtung führen?

Welche Vorgaben / Ziele (Umsatzvorgaben Monat – Quartal – Jahr) hat er?

Steht er unter Verkaufs- / Erfolgsdruck?

WEITERE NOTIZEN

....
....
....
....
....
....
....
....
....
....
....
....
....
....
....
....
....
....
....
....
....
....

SPEZIFISCHES PERSONENPROFIL

Was weiß er über mich?

Was sind seine Verhandlungsstärken?

Was sind besondere Merkmale seiner Verhandlungsführung?

Welche Verhaltensmuster kann ich ihm zuordnen?

Welche Argumente benutzte er in der Vergangenheit?

Auf welche meiner Argumente reagierte er positiv oder negativ?

Welche Einwände benutzte er in der Vergangenheit?

Wie kann ich darauf reagieren?

Auf welche Einwände muss ich mich besonders vorbereiten?

Wie geht er mit meinen Einwänden um?

Nimmt er meine Argumente ernst?

Spricht er offen über zusätzliche Leistungen, Garantien, Reklamationsquoten etc.?

Redet er gerne und viel?

Ist er ein guter oder schlechter Zuhörer?

Welchen Charakter / Typus kann ich ihm zuordnen?

WEITERE NOTIZEN

....

....

....

....

....

....

....

....

....

....

....

....

....

....

....

....

....

....

....

....

....

....

....

PERSONEN AM VERHANDLUNGSTISCH

Wer ist am Verhandlungstisch der heimliche Meinungsführer?

Wer ist der Experte in der Verhandlungsrunde?

Wessen Wort wird den Ausschlag geben?

Wer ist der informelle Entscheider?

Welche persönlichen Beziehungen gibt es im Verhandlungsteam?

Welche Punkte können bei wem besonders empfindlich werden?

Welche persönlichen Vorteile/Nachteile können sich für den Einzelnen ergeben?
Welcher Nutzen kann dem Einzelnen weiterhelfen?
Wer in der Runde trägt das größte Risiko bei einer Fehlentscheidung?
Wer kommt mit wem aus, oder gerade nicht?

WEITERE NOTIZEN

MEINE EIGENEN ZIELE

Was will ich mit dieser Verhandlung erreichen?

Was wäre für mich das bestmögliche, perfekte Ergebnis?

Welchen Wert hat die Verhandlung für mich in Euro (auch Folgekosten und mögliche Einsparung bedenken)?

Was wäre für mich das zweitbeste Ergebnis?

Welche Ergebnisse sind nicht akzeptabel?
Welche Ergebniskomponente MUSS ich erreichen?
Welche Ergebniskomponente WILL ich erreichen?
Welche Komponenten sind für mich am wichtigsten?

Auf welche Teilaspekte kann ich verzichten?

Welche Inhalte/Konditionen sind mir am wichtigsten?

Welche sind weniger wichtig?

Was ist mein Hauptziel, Teilziel, Etappenziel, Mindestziel?

Zu welchen Kompromissen bin ich bereit?
Wo will ich Zugeständnisse machen?
Welche Zugeständnisse will ich machen?
Was ist meine Untergrenze?
Auf welche Alternativen kann und will ich ausweichen?

WEITERE NOTIZEN

....

....

....

....

....

....

....

....

....

....

....

....

....

....

....

....

....

....

....

....

....

....

....

....

MEINE EIGENEN ALTERNATIVEN

Welche Alternativen habe ich, wenn mein Wunschergebnis nicht zustande kommt?

Wie kann ich diese Alternativen verbessern?

Welche besseren Arrangements mit anderen Verhandlungspartnern sind möglich?

Was muss an der besten Alternative anders sein, damit sie besser oder gleich gut wie mein ursprünglich angestrebtes Verhandlungsergebnis ist?

Wie kann ich die Hemmnisse auf diesem Weg dahin beseitigen?

Welchen Wert hat die Alternative für mich in Euro (auch Folgekosten und mögliche Einsparung bedenken)?

Welche Konditionen und Vertragsinhalte können diese Zahl verändern und wie groß ist dann die akzeptable Summe?

Welche möglichen Vertragskonditionen möchte ich nicht akzeptieren?

Auf welche Teilaspekte kann ich verzichten?

Welche Chance gibt es, durch einen Verhandlungsabbruch in eine bessere Ausgangslage zu kommen?

WEITERE NOTIZEN

ZIELE DER VERHANDLUNGSPARTNER

Welches Ergebnis erhofft sich mein Verhandlungspartner von dieser Verhandlung?

Worin besteht sein konkreter Nutzen?

Welchen Wert hat diese Verhandlung für ihn materiell?

Wie wichtig sind Verhandlung und Ergebnisse für die Gegenseite?

Welche Bestandteile hätte deren bestmögliches Ergebnis?

Was könnte das zweitbeste Ergebnis für den Partner sein?

Welches Ergebnis wäre für ihn nicht akzeptabel?
Weshalb sind diese für ihn nicht akzeptabel?
Welche Ergebniskomponenten MUSS er erreichen?
Welche Ergebniskomponenten WILL er erreichen?
Auf welche Teilaspekte kann er verzichten?
Weshalb sind diese für ihn nicht akzeptabel?
Welche Konditionen und Inhalte sind ihm am wichtigsten?
Welche sind ihm weniger wichtig?

WEITERE NOTIZEN

....

....

....

....

....

....

....

....

....

....

....

....

....

....

....

....

....

....

....

....

....

....

....

....

....

....

ALTERNATIVEN DER VERHANDLUNGSPARTNER

Welche Alternativen hat die Gegenseite zu den Gesprächen mit mir?

Welche drei besten Alternativen hat mein Verhandlungspartner, wenn sein Wunschergebnis nicht zustande kommt?

Wie kann er diese Alternativen verbessern? Gibt es mögliche bessere Arrangements mit anderen Verhandlungspartnern?

Könnte er Verhandlungsinhalte neu kombinieren oder hinzufügen, welche wären es?

Was müsste an der besten Alternative anders sein, damit sie besser oder
gleich gut ist wie sein ursprünglich angestrebtes Verhandlungsergebnis?

Wie könnte er die Hemmnisse auf dem Weg dorthin beseitigen?

Welche Wunschkondition könnte die beste Alternative noch positiv beeinflussen?

WEITERE NOTIZEN

....

....

....

....

....

....

....

....

....

....

....

....

....

....

....

....

....

....

....

....

....

....

DIE FINALE POSITIONSFESTIGUNG

Sind alle Zahlen, Daten, Fakten vorhanden, welche sind es, was fehlt noch?

Mit welchen Einwänden und Widerständen muss ich rechnen und mich besonders vorbereiten?

In welchem Bereich der Verhandlung können sich Überschneidungen mit den Interessen beider Seiten ergeben?

Wie lautet die Geschichte, mit der ich meinen Verhandlungspartner nach der Vorbereitung dieser Verhandlung das von mir gewünschte, beste Ergebnis besonders einprägsam, ihm sympathisch und wertvoll darstellen kann?

Was ist im Ergebnis dieser Vorbereitung mein erstes Angebot?

Was ist im Ergebnis dieser Vorbereitung mein letztes Angebot?

Was ist sonst noch zu beachten?

WEITERE NOTIZEN

ANALYSE DER VERHANDLUNG

Habe ich mich ausreichend auf die Verhandlung, meinen Gesprächspartner und sein Anliegen vorbereitet?

Habe ich mir im Vorfeld die richtige Strategie für die Verhandlungen überlegt?

Habe ich meine Ziele erreicht?

Wenn nein, waren meine Ziele realistisch?

Kann ich den Grund für das Scheitern festmachen?

Kann ich aus dem Scheitern etwas lernen und was wäre das?

Sind mir die Kriterien meines Verhandlungspartners für zurückliegende Entscheidungen klar geworden?

Hat mein Verhandlungspartner verstanden, welchen Nutzen meine Leistung/Produkt für ihn hat?

Habe ich verschiedene Techniken angewandt, um meinem Verhandlungspartner mein Angebot zu unterbreiten?

Habe ich den Preis / die Forderung schlüssig und problemlos vermitteln können?

Wenn ja, welche Methode habe ich dabei angewandt?

Was war gut, was war weniger gut?

Wie gut konnten die Ziele umgesetzt werden?

War die gewählte Strategie die richtige?

Konnte das Verhandlungskonzept eingehalten werden?

Welche Taktiken haben sich bewährt, welche sollten besser weggelassen werden?

War die gewählte Strategie die richtige?

Welche unvorhergesehenen Situationen sind eingetreten?

Wie wurden diese Situationen bewältigt?

War die Zeitplanung richtig?

Was konnten wir noch über den Verhandlungspartner erfahren?

Ist der Verhandlungspartner ein Profi oder eher ein Amateur?

Was ist beim Verhandlungspartner positiv bzw. negativ aufgefallen?
Wurde und von wem ein Protokoll geschrieben?
Wer soll/muss über das Ergebnis informiert werden?
Welche Aufgaben sind von uns nun umzusetzen?
Welche Fehler wurden gemacht und wie sind diese zukünftig zu vermeiden?
Wie bewerten wir diese Verhandlung insgesamt?

WEITERE NOTIZEN

Stichwortverzeichnis

Literaturverzeichnis

Altmann, Hans Christian, Mut zu neuen Kunden, Motivation und Strategien, Verlag Moderne Industrie, 6. Auflage 2004

Altmann, Hans Christian, Erfolgreicher verkaufen durch Positives Denken, Verlag Moderne Industrie, 5. Auflage 1998

Belz, Christian / Müllner, Markus / Zupancic, Dirk, Spitzenleistungen im Key Account Management, Finanzbuchverlag, 2008

Caldini, Robert B., Die Psychologie des Überzeugens, Huber, 6. Auflage 2009

Christiani, Alexander / Detroy, Erich Norbert / Fink, Klaus / Kreuter, Dirk / Limbeck, Martin, Das Sales Master Training, Wiesbaden, 2. Auflage 2010

Detroy, Erich-Norbert (Hrsg.), Das große Handbuch für den Verkaufsleiter, Verlag Moderne Industrie, 1998

Detroy, Erich-Norbert, Sich durchsetzen in Preisgesprächen und Preisverhandlungen, mi-Wirtschaftsbuch, 14. Auflage 2009

Gramm, Frieder, Verhandlungen gewinnt man im Kopf, Redline, 2009

Hartmann, Horst / Orths, Heinrich / Pahl, Hans-Joachim, Lieferantenbewertung – aber wie?, Deutscher Betriebswirte-Verlag, 4. Auflage 2008

Häusel, Hans Georg, Brain View, Warum Kunden kaufen, Haufe, 2. Auflage 2008

Heeper, Astrid / Schmidt, Michael, Verhandlungstechniken, Cornelsen, 2003

Hernstein Institut für Leadership, Management Report Verhandlungsführung, Wien, 2005

Horn, Sam, Improve Your Concentration, Kogan Page, 1991

Junge, Martina / Junge, Wolfgang, Verkaufen mit offenen Ohren, Gabler, 1995

Langdon, Ken, Verhandeln – So erzielen Sie erfolgreiche Verhandlungsergebnisse, Gabal, 2009

Limbeck, Martin, Von den Besten profitieren, Gabal, 2002

Limbeck, Martin, Siegerstrategien für Verkaufsprofis, Signum Wirtschaftsverlag, 2002

Limbeck, Martin, Das neue Hardselling, Gabal, 2005

Lorenz, Konrad, Das sogenannte Böse, DTV, 1998

Mehrabian, Albert in: The Journal of Counselling Psychologie, 31, 1967, S. 248-252

Miller, Robert B. / Heimann, Stepfen E., The New Successful Large Account Management: Maintaining and Growing Your Most Important Assets – Your Customers, Kogan Page London, 3. Auflage 2006

o. V., Von den Besten profitieren, Gabal, 2002

Portner, Jutta, Besser verhandeln, Gabal, 2010

Ruhleder, Rolf H., Verkaufstraining intensiv, expert-Verlag, 7. Auflage 1998

Sampson, Eleri, Überzeugende Selbstdarstellung, Gabal, 2003

Schnappauf, Rudolf A., Verkaufspraxis – Wegweiser durch alle Verkaufssituationen, Verlag Moderne Industrie, 1995

Schüller, Anne M., Erfolgreich verhandeln, Erfolgreich verkaufen, BusinessVillage, 2009

Sprenger, Reinhard K., 30 Minuten für mehr Motivation, Gabal, 2000

Stöger, Gabriele / Stöger, Hans, Besser verkaufen, Gabal, 2010

Tracy, Brian, Verkaufsstrategien für Gewinner, Gabler, 1996

Troczynski, Peter, Verhandeln Trainer, Haufe, 2007

Watzlawick, Paul, Anleitung zum Unglücklich sein, Piper, 15. Auflage 2009

Watzlawick, Paul (Hrsg.), Die erfundene Wirklichkeit – Wie wir wissen, was wir zu wissen glauben, Piper, 5. Auflage 2010

Vita der Autoren

Peter Troczynski

Peter Troczynski blickt auf eine mehr als 25-jährige erfolgreiche Berufspraxis zurück. Peter Troczynski hat eine klassische Vertriebskarriere – vom erfolgreichen Vertriebsbeauftragten über das Key Account Management, Vertriebsleiterfunktionen bis zum Geschäftsführer in IT-Unternehmen durchlaufen. Seine Managementausbildung erhielt er in namhaften Konzernen der Informations-Technologie Branche.

Peter Troczynski ist Inhaber der Coaching & TrainingsPartner. Peter Troczynski und seine Partner gehören zu den gefragtesten Verhandlungsexperten für den Einkauf in Deutschland. Sie gehören zu den wenigen Verhandlungsexperten in Deutschland, die aus langjähriger Berufs- und Trainingspraxis sowohl die Einkaufs- als auch die Vertriebsseite kennen.

Mit den **NEGOTIATION TO WIN**© Verhandlungstrainings, speziell für Einkäufer, begeistern Peter Troczynski und seine Partner jährlich hunderte von Teilnehmern aus dem Einkauf – Vertrieb – Management.

Peter Troczynski ist Autor der Bücher: „Verhandeln Trainer", „Optimale Vorbereitung für den erfolgreichen Erstkontakt" und Mitautor „Zukunft Verkauf". Zudem ist er gefragter Autor in Fachzeitschriften wie: Dow Jones Newsletter – Einkäufer im Markt; Acquisa, Produktion; DV+VA; Werben und Verkaufen u.a.

Dietmar Löhr

Dietmar Löhr blickt nach seinem Abitur auf eine mehr als 15-jährige erfolgreiche Berufserfahrung zurück. Nach seiner Ausbildung zum Industriekaufmann hat Dietmar Löhr alle Einkaufsstrukturen sowie die unterschiedlichen Vertriebskanäle kennengelernt. Sehr erfolgreiche Stationen als Einkäufer, Einkaufsleiter, Mitglied in verschiedenen Global Strategic Purchasing Teams verschiedener internationaler Unternehmen und Unternehmensberater in weltweit agierenden Unternehmen garantieren einen praxisnahen und fundierten Ansatz in seinen Trainings. Seine Kernkompetenzen sind im Einkauf angesiedelt. Einen besonderen Schwerpunkt bilden die Einkaufsverhandlungen. Dietmar Löhr ist Partner der Coaching & TrainingsPartner, Hünxe.

Jörg Kunze

Neben seinem Studium der Geschichte und des Französischen in Duisburg, Dijon und an der Sorbonne in Paris mit Erlangung des Grades „Maître" war Jörg Kunze langjährig für internationale Bildungsträger als Tutor und als wissenschaftlicher Mitarbeiter für Wirtschafts- und Sozialgeschichte tätig.

Seine anschließenden Tätigkeiten in der Telekommunikationsbranche und im Finanzsektor waren vertrieblich geprägt. Für mehrere große, internationale Konzerne verantwortet er die Trainings zu Produkteinführungen und im HR-Bereich. Seine hohe motivierende und praxisnahe Art, auch komplexe technische Zusammenhänge begeisternd zu präsentieren, spiegelt sich in seinen Trainings wider. Zu seinen Kernkompetenzen gehören die Themen Verkaufs- und Einkaufsverhandlungen sowie Verhaltenstrainings. Jörg Kunze ist Partner der Coaching & Trainings-Partner, Hünxe.

Katja Günther-Mohrmann

Katja Günther-Mohrmann, Diplom-Betriebswirtin, war viele Jahre in der Versicherungswirtschaft tätig und kommt als Vertriebsspezialistin und Vertriebsleiterin aus der Praxis. Ihr Kommunikationsstil ist praxisnah fundiert. Für sie steht der Mensch im Mittelpunkt des Handelns. Als Lehrbeauftragte beim Bildungszentrum des Hessischen Handels und als Ausbilderin bei der IHK ist ihr Selbstverständnis für regelmäßige Weiterbildungen sehr ausgeprägt. Sie ist Trainerin des BDVT und der ADG.

Sie trainiert und coacht aufgrund ihrer Vielseitigkeit Fach- und Führungskräfte verschiedener Branchen auf allen Ebenen. Ein Schwerpunkt sind Verhandlungstrainings für Einkäufer aus Sicht des Verkaufs. Katja Günther-Mohrmann ist Partnerin der Coaching & TrainingsPartner, Hünxe.

Horst Hartmann

Lieferanten-
management

**Gestaltungsfelder,
Methoden, Instrumente
mit Beispielen aus der Praxis**

Band 11
Praxisreihe Einkauf/Materialwirtschaft
2. Auflage; 144 Seiten
Broschur; ISBN 978-3-88640-140-6

Herausgeber:
Professor Dr.
Horst Hartmann
Praxisreihe
Einkauf
Materialwirtschaft
Band
11

Horst Hartmann
Lieferantenmanagement
Gestaltungsfelder, Methoden,
Instrumente
mit Beispielen aus der Praxis

2. Auflage

Deutscher Betriebswirte-Verlag GmbH

Lieferantenmanagement ist Beziehungsmanagement. Dabei sollte der Lieferant nicht als Auftragnehmer, sondern als Partner betrachtet werden, dessen Bedürfnisse und Wünsche - wie die eines Kunden - vom Einkauf berücksichtigt werden sollten.

Das Buch kann den „roten Faden" für die Umsetzung und Weiterentwicklung eines professionellen Lieferantenmanagements bilden. Checklisten und Verfahrensrichtlinien bieten neben zahllosen Praxisbeispielen hinreichend Anregungen zur Identifikation der jeweils machbaren Best Practice.
Dies wurde in der 2. Auflage des Fachbuches noch stärker berücksichtigt. Die Neuauflage wurde auch um einen ausführlichen Praxisreport erweitert. Dieser signalisiert, dass Lieferantenmanagement auch in mittelständischen Unternehmen eine innovative Strategie sein kann.

Das Buch unterstützt die praktische Arbeit des Einkaufs in Fragen der Kalkulation bis hin zu der Verhandlungsführung in Preisgesprächen.

Deutscher Betriebswirte-Verlag GmbH

Bleichstraße 20-22 · 76593 Gernsbach, Deutschland
Tel. +49 7224 9397-151 · **Fax +49 7224 9397-905** · www.betriebswirte-verlag.de

Horst Hartmann

Modernes Einkaufsmanagement

**Global Sourcing –
Methodenkompetenz –
Risikomanagement**

Band 15
Praxisreihe Einkauf/Materialwirtschaft
2007; 140 Seiten, broschiert
ISBN 978-3-88640-133-8

Herausgeber:
Professor Dr.
Horst Hartmann

Praxisreihe Einkauf
Materialwirtschaft
Band
15

Horst Hartmann

Modernes
Einkaufsmanagement

Global Sourcing - Methodenkompetenz -
Risikomanagement

Deutscher Betriebswirte-Verlag GmbH

Das Rollenverständnis des Einkaufs hat sich dramatisch verändert. Auf die Neugestaltung der Prozesse und Strukturen wirken moderne Konzepte wie Supply Chain Management und Innovationspartnerschaften sowie zukunftsweisende B2B-Lösungen ein.

Modernes Einkaufsmanagement findet im Konzept des strategischen Einkaufs seine strukturierende Ausprägung. Professionelle Vorbereitung, zielorientierte Ausrichtung, ganzheitliche Betrachtungsweise sowie funktions- und unternehmensübergreifende Zusammenarbeit mit internen und externen Partnern bestimmen das Arbeitsumfeld der Einkäufer.

Die Ausführungen können sowohl zur kritischen Überprüfung der Ist-Situation im eigenen Unternehmen herangezogen werden als auch zur zielführenden Entwicklung beitragen. Beispiele und Checklisten vor allem zum Global Sourcing-Prozess erleichtern die Orientierung.

Deutscher Betriebswirte-Verlag GmbH

Bleichstraße 20-22 · 76593 Gernsbach, Deutschland
Tel. +49 7224 9397-151 · **Fax +49 7224 9397-905** · www.betriebswirte-verlag.de